子どもにもっと伝わる スゴ技 大全

カリスマ保育士 てぃ先生の

子育ての みんなの悩み、 お助け中!

保育士・育児アドバイザー
てぃ先生

ダイヤモンド社

はじめに

子育てのみんなの悩み、お助け中！
僕なりの
「こうしたらうまくいくかも？」を
シェアします

　こんにちは！　てぃ先生です。今年度で14年目の現役保育士です。いつも応援していただき、ありがとうございます！

　僕のインスタやYouTubeチャンネルなどには、子育てに悩むママパパから毎日膨大な数のお悩みやご質問、ご相談が寄せられます。

　そもそも人から何か相談をされるような人間ではなかった僕ですが、保育士になってから、毎日親御さんたちと顔を合わせるなかで、「うちの子最近全然ご飯を食べないんです」とか「下の子が産まれてから赤ちゃんがえりしてしまって」など、いろいろな質問や相談をされるようになりました。

　保育士1年目や2年目のころは、知識も経験も少なく、そういったご質問やご相談に対してごくごく基本

的な回答すらできないこともありました。

　でも３年目、４年目と経験を積むうちに、

「あ、○○ちゃん、こういうことが好きなんだな」

「こういうことを言ってあげるとうれしいんだな」

と保育園でのその子の姿を親御さんと共有したり、

「園ではこうだったから、おうちではこうしてみたらどうでしょうか」

と、うまくいった例をシェアできるようになっていきました。質問に答えるというより、保育士と親御さんで協力して、お子さんへの対応の引き出しを増やしていくイメージです。

　<u>この本はそれと同じように、僕がみなさんのお子さんをお預かりして、お迎えのときに会話するようなイメージでつくりました。</u>

　世の中には、子育ての本がいっぱいあります。小児科医の先生や子どもの発達の専門家が書いた素晴らしい本もたくさんありますし、ネットにも子育ての情報があふれています。だから、<u>今のママパパたちは子育てに関する知識を、保育士である僕がびっくりするくらいたくさんもっていることも多いです。</u>それなのに

はじめに

僕のところにたくさんのお悩みが寄せられるのは、

「一般的なことはわかってるけど、この子に今、具体的にどうすればいいかわからない」という方が多いからなんじゃないかと思います。

だって「子どもともっと関わるようにしましょう」「気持ちに共感しましょう」といったよく言われる正論は、もうみなさん十分わかっていますよね。

いちばん聞きたいのは、「だからうちの子にはどうしたらいいの？」ってことじゃないですか！

僕がこの本でやりたいのは、たとえて言えば、「算数のドリルをやるとき、先に解答ページを見てから問題を解く」みたいなことです。

学校では、「答えを先に見ちゃいけません」って言われてたかもしれません。でも勉強だって、じつは答えを先に見たほうがよくわかることもありますよね。

だから子育てもそれと同じで、「こうすれば共感できるかも」「こうすればお子さんに言いたいことが伝わりやすい」ってことを先に頭に入れておいて、それを各ご家庭で、「じゃあうちの子にはこうしてみようかな」ってアレンジしていっていただけたらいいなっ

て思うんです。わからないものを努力してできるようにすることだけじゃなく、あらかじめ解決のための方法や考え方を得ておいて、いざ困ったタイミングがきたときにそれを実践できたら、子育てに余裕が生まれやすくなると思うんです。

　それに、正論だけしか教わらなかったら、もしその正論がうまくいかなかったとき、「うちのやり方が悪かったのかな」「私の育て方が間違ってるのかな」って自分を責めてしまうじゃないですか。

　そんなこと絶対なくて、そのときたまたま、それが合わなかっただけかもしれないし、そもそも各家庭の環境やその子の個性も違いますから、それに合わせた方法が必要だと、僕は思っています。

　ですからこの本も、あくまでも「僕からご提案する引き出し」でしかありません。そう思って気軽にトライしてみてください。

　うまくいかなくてもぜんぜん気にしなくていいし、「こう変えたらうまくいくかも！」ってことはどんどんアレンジしてください。みなさんの子育てに少しでもお役に立ちますように！

子どもにもっと伝わるスゴ技大全
カリスマ保育士てぃ先生の
子育てのみんなの悩み、お助け中!

もくじ

第1章　子どもを守る
環境のととのえ方
の悩み、お助け中!

第2章 子どもに"もっと"伝わる
ほめ方・叱り方・伝え方
の悩み、お助け中!

第3章 生活習慣・しつけ
の悩み、お助け中!

第**4**章 **遊び・体の成長**
の悩み、お助け中!

第5章 **教育・心の発達**
の悩み、お助け中!

子どもを守る

環境の ととのえ方

の悩み、お助け中!

1 子どもの安全を守るには どうしたらいいですか?

● ニュースで小さい子の事故が多く、気が気ではありません。
気をつけておくべきことを教えてください。

てぃ先生の答え

「ここは手が届かないから大丈夫」 の範囲は日々変わっていく

　子どもの成長は「今日できなかったことが明日はできる」
の連続。「ここは手が届かないから大丈夫」の範囲は日々変わっ
ていきます。赤ちゃんの場合にとくに気をつけてほしいのは、
つかまり立ちをはじめたタイミングです。

横だけでなく縦にも気をつけてください

　はいはいとかずりばいのときは、平面での移動範囲が一気
に広がるので、親御さんは危ないものが床に置かれていない
か気をつけていることが多いです。でも、そこからつかまり
立ちになると、意外と上のほうや棚の奥のほうまで手が届い
てしまいます。ママパパが、「ここは見えないから大丈夫」と
思うところでも、大人が何か置いてるな、というのを見ていて、
見えなくても手を伸ばして取ろうとすることはよくあります。
少し大きくなると踏み台を持ってきて、上がって取ってしま
う子もいます。ですから、横移動プラス、縦（と奥行き）の
範囲を気をつけてほしいと思います。

2 チャイルドシートをいやがります

●チャイルドシートをいやがって大暴れするので、車に乗せるのがゆううつです。

てぃ先生の答え

まずはおうちの中で慣れてもらいましょう

　小さい子がチャイルドシートをいやがる理由は、ふだん座り慣れていないから。車という、ふだんとは違う環境で、さらにふだんは使わないものに座らされるわけですから、もっと不安になってしまいます。

　そこで、車で使いはじめる前に家の中に持ち込んで座り慣れてもらうのがおすすめです。

　「このお椅子に座って絵本読もうか」と言って座ってもらったり、テレビの子ども番組がはじまったらチャイルドシートに座ってもらってリラックスしながら観てもらう時間をつくるのもいいと思います。要は、いきなり「さあ、おとなしく座りなさい」と言っても無理なので、子どもにとって安心する場所で座るという経験を何度かくり返して、チャイルドシートと仲よくなってもらいましょう。

　ベビーカーの場合も同じです。家の中で乗るのが無理という場合は、まずは玄関で座り慣れてもらうのがいいです。その際も絵本を読むなど楽しい時間をつくって、ベビーカーに対してネガティブな印象をしないようにするのがポイントです。

15

日々新しい悩みばかり
出てきます

●予想外の行動をするのでまったく目を離せません。

てぃ先生の答え

育児書の、1カ月先の月齢の
ページを見ておくといいです

　育児書を見るときは、今の月齢はもちろん、僕としては「1カ月先の月齢を見ておく」、という使い方をおすすめしたいです。

　はじめての子育てでは、子どもの2カ月先、3カ月先の姿は想像しにくいと思いますが、子どもは大人が考えるよりもはやく成長しますので、気がついたら危ないところに手が届いたり、勝手に出ていってしまったりということがあります。

少し先の成長を知っておくと安心

　育児書の少し先の月齢を見ておけば、「このあとはこんな成長があって、そうするとこういう行動も出てくるんだ」というのがわかり、あらかじめ予測して対応しやすくなります。

　「1人目のときは不安だったけど、2人目、3人目になったら少し余裕がもてた」とよく聞きますよね。これは1人目の子育てで予測を立てられるようになったからです。

　育児書を1カ月先まで見ておくと、それと同様の効果がある程度得られますから、おすすめです。

4 子どもの危険を防ぐ心構えで大事なことは？

● 子どもの事故やけがを防ぐために、やっておいたほうがいいことはありますか？

てぃ先生の答え

「危ないことは起こるかもしれない」という前提で環境をととのえてください

　自動車の教習所ではよく、「だろう運転」ではなく「かもしれない運転（危険予測運転）をしなさい」って言われますよね。「歩行者は飛び出してこないだろう」じゃなくて「歩行者が飛び出してくるかもしれない（からゆっくり走ろう）」と、つねに危険が起こりうることを前提に運転するという考え方です。

　子育ても同じで、「ここは手が届かないだろう」ではなく、「もしかしたら手が届くかもしれない（からここに置くのはやめよう）」と考えるのが子どもを事故から守る基本です。

　実際、子どもって親の予想の斜め上の行動をしますから。「鍵をあけてしまうかもしれない」「エアコンの室外機に上るかもしれない」「電池を口に入れるかもしれない」「ベランダから身を乗り出すかもしれない」と、できるだけ「かもしれない子育て」を意識しましょう。

　ベランダへ出る窓には子どもの手の届かない高さに補助の鍵をつけたり、触ってほしくないものは言い聞かせるのではなく、そもそも触ることができない場所へしまうことを習慣づけるなどの対応をとってください。

5 いざというとき できるかどうか不安です

● 「もしバスや車に置いていかれたらクラクションを鳴らしてね」と言っていますが、子どもができるかどうか不安です。

てぃ先生の答え

実際に練習しておくのが いちばんです

お子さんに「バスでひとりになっちゃったらクラクションを鳴らしてね」と言っても、いちども鳴らしたことのないクラクションを鳴らすことは難しいです。

そこで、必ずしておくといいのが練習です。実際に想定される状況をつくって、子どもに経験してもらうのです。

バスに閉じ込められたという状況なら、たとえば「バスから出られなくなったら、先生を3回呼んで、お返事がなかったらクラクションを押そうね」という決まりにしておき、その状況を実際にシミュレーションしてみるのです。

車があるご家庭なら実際のクラクションで、車のないご家庭ならリビングでもいいので、「じゃあ今、ママがお部屋から出るから、3回ママを呼んでね」と言って、子どもに「ママ、ママ、ママ」と呼んでもらいます。

そうして、「今、3回ママを呼んだけどお返事がなかったよね。そうしたら押そうね」と、親子で認識をすり合わせておくわけです。言い聞かせるだけでは本番で行動に移すことは困難なので、ぜひいちどはやっておくことをおすすめします。

6 パートナーが 見てくれていると 思ったのに見ていなかった

●パートナーがいるので大丈夫と思って車から離れたら、子どもがひとりで 歩きまわっていたのでヒヤッとしました。

てぃ先生の答え

「今は誰が子どもを見ている時間か」をつねにはっきりさせましょう

　たとえば、ママたちからよく愚痴で聞くのは、「パパが子どもを見ていると思ったら、見ていなかった」というもの。パパとしては「"見てて"って言われなかったから見ていなかった」という言い分があり、お互いが平行線となりがちです。

　ママからすると、「自分の子どもを見ていないなんて信じられない！」となりますが、ふだんママが見ることが習慣になっていると、パパは「子どもを見ていなくては」という意識がつい抜けてしまうことがあるのだと思います。

子どもから目を離す時間をつくらない

　もちろんパパに限らず、おじいちゃんおばあちゃんもそうですが、小さい子がいるときは「大人が子どもから目を離している時間をつくらない」ことが大切です。

　ですから、「たぶんパートナーが見ていてくれるだろう」ではなく、「今、ここを離れるからこの子を見ていてね」という声かけを徹底してほしいと思います。

てい先生の答え

大人同士と同じように
伝えてください

　食事の席で、離れたところにあるおしょうゆをとってほしいときを想像してみてください。あ、あそこにあるな、と思ったら、近くの人の様子を見て、大丈夫そうなら「おしょうゆをとっていただけますか?」ってていねいにお願いしますよね。ところが相手が子どもになると、大人はとたんに「はい、お片づけするよー!」って命令したり、「お片づけしないとおもちゃ捨てちゃうよー」なんて脅したりするわけです。これって、人間同士の関係として正しいとは言えないですよね。

　たとえ相手が子どもでも、相手を尊重して接しないと言うことは聞いてくれません。大人が忘れがちな視点だと思いますので、頭に留めておいていただけたらなと思います。

　そのうえで、ふだんの叱り方と、命に関わるようなことの叱り方とで、わかりやすく違いをつくっておくと、子どもが理解しやすくなります。仮に、お片づけをしないときと道路へ飛び出したときの叱り方が同じだったら、いくら言っても伝わりづらいですよね。だから、「本当にいけないこと」のときだけに見せる表情や声色は、使い分けることが重要です。

8 子どもはなぜ危ないことをしたがるの?

●公園で、大きい子の真似をしてジャングルジムから飛び降りてびっくり！
絶対無理なのにやってしまうのはなぜ?

てぃ先生の答え

まだ自分の力量がわかっていないんです

　小さい子が、絶対に持てない重い荷物を「持ちたい！　持ちたい！」と言って持ちたがったり、テレビで観たヒーローの真似をして高いところから飛び降りた、という話はよくありますよね。なぜかというと、小学校低学年くらいまでの子どもは、まだ自分の実力をはかりきれていないからです。

なんだかできそうな気がしてしまう

　実力がともなっていないのに、気持ちのうえでは「あれもできる、これもできる」とある種の "無敵感" や "空想力" が強いので、なんだかできそうな気がして危険なことにもチャレンジしがちです。

　「ここから落ちたらけがをするな」とか「この高さは危ない」という危機的な感覚が出てくるのは小学校高学年くらいからとも言われています。それまでは、子どもは大人が「まさか」と思うような行動をするかもしれない、と意識しておくと、いざというときに助けられる可能性が高まります。

危なくても
痛い思いをさせたほうが
いいですか?

●パパが、「いちど痛い思いをすればわかるから」と、子どもがソファの背に乗って遊んでいても注意しません。大丈夫?

てい先生の答え

その経験は
わざわざつくるべき
ものではありません

「いちど落っこちれば痛みがわかって、次からやらなくなる」と、子どもが危なそうなことをしていても止めずにそのままやらせている親御さんの話をときどき聞きます。

でも、思わぬ大けがにつながることもありますから、危険を放置するのは避けるべきだと思います。

けがや命に関わる可能性のあることを、「経験が大事だから」と放置して、避けられるはずだった外傷を負う必要はまったくないと思います。「子どもは失敗を経験して成長する」という考え方はたしかにそうですが、それは、「お友だちのおもちゃをとったらけんかになってしまった」などの、やり直しがきくことだけに当てはまることです。

また、子どもが誰かをたたいたときに「自分もされたら痛みがわかる」と、同じことをその子どもに対してするなんて話も聞きますが、それで学べるのは「親にたたかれた」という悲しい気持ちや手をあげられた恐怖だけです。親との信頼関係、愛着関係に亀裂が入り、子どもが余計に不安定になる可能性のほうが高くなりますからやめましょう。

10 まわりも見ずに車道へ飛び出そうとします

●「危ない！」「止まって！」と言ったときにすぐに止まれるようになる方法はありますか？

てぃ先生の答え

「ストップ遊び」がとてもおすすめです

「危ないときは止まってね」といくら言葉で言い聞かせても、子どもはいざというとき守れないことがあります。

そこで、日常の中で同じ行動を経験しておくのがおすすめです。それも、遊びの形でやっておけば楽しくシミュレーションできます。たとえば「ストップ！と言ったら止まる」ということを身につけてほしいのなら、「パパと一緒にストップごっこしよう！ ストップって言ったら止まるんだよ」と言って、部屋の中をぐるぐる歩きまわりながら、「ストップ！」→「止まる」、「ストップ！」→「止まる」、ということをくり返して遊びます。それから、おままごとで「スーパーへ買い物に行く」というシチュエーションをつくり、その途中で「あ、車が来た！危ないから、ストップ！」なんてアドリブを入れるのもいいですね。

ふだんから慣れておくと反射的に止まる

こうしてふだんから慣れておけば、いざというときに「ストップ！」と言ったら、反射的に止まりやすくなります。

子どもは好奇心＋行動力のかたまり！
こんなことに注意して!!

子どもは意外と高いところに登れる

　園には遊具があるので「この子はもうここに登れるんだな」ということがわかりますが、おうちではわかりづらいかもしれません。「まさかこんなところまで登れないだろう」と思っていても、意外と高くまですいすい登れてしまうものです。

　ベランダの手すりの高さは建築基準法で110cm以上と決められていますが、子どもは台になるものやつかまるものがあれば、それくらいの高さは軽々よじ登ってしまうことも。そして、体のバランス的に頭が重いので、身を乗り出すと落ちてしまいます。

　エアコンの室外機に登るのを防ぐ柵なども市販されていますから、利用を検討してみてください。

子どもは勝手にどこかへ行ってしまう

　ママパパと見間違えて別の人について行ってしまったり、ドアが開いていたから勝手におうちから出て行ったりと、思っている以上に子どもを見失ってしまうことは多いです。迷子や車道への飛び出し防止のために子ども用のハーネスがありますが、「ペットじゃないんだから……」と否定的な意見も一時期ありましたね。だけど、その子の様子をいちばんわかっているのは親です。わが子を守るために必要だと思えば、子どもの成長に合わせて使ってほしいと、僕は思います。

子どもは2cmの水でも溺れる

　小さい子は、水の中で転んだときうまく動けないので、2cmの深さの水でも鼻と口が塞がれれば溺れます。

　お風呂はとくに注意。防災のため水をためているおうちもあると思いますが、子どもは頭が重いので、浴槽をのぞけばすぐに落ちてしまいます。子どもが小さいうちは使ったらすぐに流す、どうしてもためたい場合は、浴室に補助鍵をつけるなどの対応が必要です。

子どもは服やブラインドのひもに引っ掛かる

　フードのひもやフード自体が、遊具やドアに引っかかって窒息するケースがあります。おうちで遊んでいるときにブラインドのひもに首がひっかかって宙吊りになってしまったケースも。ブラインドのひもはフックにぐるぐる巻きにしておくなど、ぶらぶらさせないように気をつけてください。フードがついている服も子どもが小さいうちはなるべく避けたいところです。

歯ブラシなど棒状のものは所定の位置で

　歩きながら歯みがきしていて、歯ブラシがのどに突きささる事故が報告されています。子どもは転びやすいので、棒つきのあめなどにも注意が必要です。

　仕上げみがきをリビングでするケースは多いと思いますが、歯みがき関連のことはできる限り洗面所でする習慣をつけておくと、子どもがひとりでみがくようになったときも自然と洗面所から離れなくなります。

意外と大きいものも口に入る

　小さい子どもでも、トイレットペーパーの芯を通るくらいの大きさのものまでなら口に入るので、飲み込んで窒息することがあります。子どもの手が届くところにトイレットペーパーの芯よりも小さいものは置かないようにしてください。

　また、子どもは噛む力も弱いので、食材を丸のみしてしまうことがあります。ぶどう、ミニトマトなど口に入りやすくてのどにつまりやすいものは必ず小さく切ってから出すようにしてください。

お弁当のピックやバランは使わない

　ピックは、食べるときに持ちやすいしかわいいデザインのものも多いのでお弁当で使いたくなりますが、のどに突きささったり、誤飲する子もいるので避けましょう。バランも、気づかないうちに食材についたまま誤飲すると、のどに張りついて呼吸困難になることがあります。

今使っているものを見直す

　加湿器、ヘアアイロン、折りたたみ式の踏み台など、何気なく使っていたものが、子どもが生まれると危険な場合があります。もの選びから見直して事故が起こらない環境づくりをしましょう。

リカバリー方法を身につけておく

　どんなに注意していても事故が起こることはあります。

　そのときあわてないために、飲み込んだものを吐き出させる方法や人工呼吸のやり方などは身につけておくと安心です。

何があっても困らないように「4割子育て」のすすめ

子育てに100%の正解なんてないことが当たり前

先日、2歳児を子育て中のあるママが
「子育ての正解がわからない」
って悩みを告白してくれました。

この気持ち、少しでも子育て経験のある人ならわかりますよね。でも正解がわからないのは当たり前で、そもそも、子育てに100%の正解なんてないことも当たり前です。子育てで思いどおりにいくことも、ほとんどないと思います。各家庭や子どもの個性によって、合う合わないがありますから。

何があっても
困らないように
「4割子育て」の
すすめ

子育てって、
イレギュラーの連続

　皆さん、子どもが生まれる前は、仕事でも遊びで
も家事でも、基本的には想定内のことしか起きてい
ないと思うんです。「この時間に掃除しよう」と思
えばできるし、「ご飯を食べ終わったら出かけよう」
と思えば出かけられましたよね。でも、子どもがい
ると予定どおりにいくことのほうが少なくなります。
掃除しても次の瞬間には何かをこぼしていたり、出
かけようとしても「やだ！」と言われちゃったり。

　つまり、子どもが生まれると、予想外の出来事が
連続して、余裕が一気になくなり、自分の思いどお
りにことが運ばなくなります。とくに1人目のお子
さんを育てている方や、まじめで責任感が強くて、
がんばり屋さんであればあるほど、「すべてがうま
くいかない」と泣きたくなってしまうことも多くな
るんです。

思い切って6割の余白を
残す気持ちでいよう

そんなママパパたちに僕から提案したいことがあります。

それは「子育ては、4割くらいでやりませんか？」っていうこと。

子どもってわからないことだらけな存在。「え、今それする？」「なんでそれした？」みたいなことばかりですよね。それに子どもがいると雨が降っただけで出かけた最中の負担が何割か増えるし、そこで「鍵が見つからない！」なんてことになったらさらに余裕がなくなるじゃないですか。2割、3割程度の余白はあっという間になくなります。だから思い切って6割の余白を残す気持ちで生活すれば、子どもが予想外のことをするとか、ハプニングが起きたときにも対応しやすいと思うんです。

罪悪感をかかえすぎない
「手 "間" 抜き子育て」のすすめ

そこで僕がおすすめしたいのが、「手抜き」ならぬ「手間抜き子育て」です。

たとえば、子どもに動画を見せることに賛否両論ありますが、僕は、「ちょっと待ってね」というときに子どもに動画を見せるのを、悪いことだとは全然思いません。どうしても待ってもらいたいときや、子どもに機嫌よく過ごしてほしいときってありますよね。料理中とか、リモートでの会議中とか、移動中の電車内とか、そんなシチュエーションはたくさんあります。そんなときにいつも手遊びとか歌を歌ってあげられたら、そりゃ理想的かもしれませんが、そんなのはまったく現実的じゃないですよね。つねにかまってあげられないのは仕方のないことです。

ママパパって、自己評価よりも優しいんです。だからこそ、「できない」ことに罪悪感をかかえすぎかなと思います。

その瞬間できなくたって、その瞬間だっこしてあげられなくたって、「明日の自分ができるように」くらいの気持ちで、疲れていたら、自分を優先して休んでいいと思います。

育ては超・長距離マラソン！ペース配分を考えて完走しよう

子育てって、短距離走じゃなくて、超・長距離マラソンなんです。短距離ならダッシュすればいいけど、マラソンはペース配分を考えないと完走できません。その日に力を使い果たしたら、次の日の子育てにしわ寄せがきます。本当はつらいのに無理やりがんばっちゃうと、いつもは怒らないタイミングで子どもへ感情的になってしまいます。だからこそ、意識的に「4割子育て」をしてみてください。冷凍食品やお惣菜を活用することもまったく悪いことなんかじゃありません。たとえば餃子は、皮など一からつくったものも、チンしてつくったものも、どちらも餃子に変わりありません。もちろん、ご自身に

余裕があって「つくりたい！」と思うならいいと思います。でも、そんな気力がないときに「冷凍食品はなぁ……」と自分を追い込んだら大変です。手づくりの餃子はできたけど、その代わりに余裕がなくなって、子どもへ辛辣なことを言ってしまったら本末転倒だと思いませんか？　使えるものはどんどん活用して、残りの6割は、余白を楽しむことや、何かあったときのために余力を蓄えておく。ぜひ、上手に手間抜きしてみてください。

第 2 章

子どもに"もっと"伝わる

ほめ方・
叱り方・伝え方

の悩み、お助け中!

「鬼来るよ」は
使ってもいいですか?

● 「はやく寝ないとおばけ来るよ」「そんな悪い子は鬼が連れていっちゃうよ」というしつけはNG?

てぃ先生の答え

気持ちはわかりますが
避けましょう。
理由は2つあります

　「おばけが来るよ」とか「鬼に言っちゃうよ」っていう言葉をしつけとして使っているご家庭は少なくないと思います。鬼から電話が来るアプリも大人気ですよね。

　高い効果と即効性があるのでママパパはラクですが、この方法は、2つの理由から僕は絶対におすすめしません。

子どもが親に不信感を抱く

　ママパパが「おばけ来るよ」「鬼に言っちゃうよ」と言うことは、子どもにとっては、鬼などの怖い存在から守ってくれるはずのママパパが、その怖い存在と通じている、仲がいいということになってしまいます。

　ママパパに対して不信感を抱いたり、本来安心できるはずのおうちが、安心な場所でなくなってしまうわけです。

　子どもが、一緒に生活する人や家に安心・安全を感じられないと、生活するうえで緊張をしいられ、自己肯定感や親との信頼関係など、人間性を育むうえでマイナスの影響が出てくる可能性があります。

恐怖による支配は、エスカレートしていく

　もうひとつの理由は、鬼やおばけ、あるいは大声で怒鳴ったり、「おもちゃ捨てちゃうよ」といった脅しによるしつけは、子どもを恐怖で支配しているということなので、その恐怖があるあいだしか効かない、ということです。

　恐怖で支配するのは子どもが言うことを聞いてくれやすいので親としてはつい使いがちなのですが、使い続けていると、子どもは「鬼なんか来ないじゃん」とやがて気づきます。そうなるとこの手は使えなくなります。

　そうなったとき、「恐怖での支配」に頼っていた親は、手を上げるとか、「最低な子だね」といった人格を否定するような言葉を使うなど、より強い恐怖による支配に頼らざるを得なくなります。

　結局、鬼とかおばけなどを安易に使うしつけは、恐怖をエスカレートさせるという未来につながってしまうわけです。

　以上の２つの理由で、僕は「鬼来るよ」は使わないほうがいいと考えています。

　「じゃあどうしたらいいの？」とお困りの方は、この本や前作、前々作の僕の書籍にいろんな方法が載っていますから、合いそうなものを試してみてください。

「ちゃんとしなさい!」以外のいい言い方は?

● 姿勢が悪いときや服をきちんと着ていないときに「ちゃんとして!」と怒鳴ってしまいます。もっといい言い方はありますか?

てぃ先生の答え

「ちゃんと」って子どもにはわかりにくい。具体的なイメージを伝えよう

　「ちゃんとしなさい!」「ちゃんとして!」という言葉は、感情にまかせて言いやすいので、大人はよく言ってしまいますよね。

　でも、「ちゃんと」って、具体的にどういうことなのか、子どもはよくわかっていません。いくら「ちゃんとして」と言っても、正しい行動をしてくれなかったり、どうすればいいかわからず固まってしまったりすることさえあります。

怒られたことはわかるけど、何がよくて何が悪いかわからないまま

　すべき行動がわからないまま、「ママが機嫌悪いから」「パパがお菓子買ってくれなくなるから」とその場はしたがいますが、またすぐに同じことをくり返します。

　つまり、怒られたときや「怖い人」がいるときだけ空気を読んで行動を正すけど、根本的に何がよくて何が悪いかわからないままなので、問題の解決になっていないということです。

してほしい行動を具体的に言葉にして伝える

テーブルにひじをついて食べている子に、「ひじ！」と言っても、ひじをどうしたらいいか伝わりませんよね。

「ひじをテーブルについて食べるより、背筋を伸ばして、お茶碗を持ちながら食べたほうが、ご飯がおいしくなるよ」と大人がイメージしている具体的な部分までやって見せながら伝えれば、子どももそのイメージを共有でき、守りやすくなります。

「あし！」も同じですね。足をおいてほしい位置に子どもの好きなキャラクターのシールを2枚貼って、「○○（キャラクター）と自分の足をくっつけてごらん」と伝えたほうが、ただ「あし！」と言うより、はるかに守りやすいです。

具体的に改善点を伝えるといい

野球のコーチが「なんで打てないんだ！」と怒鳴っても選手は打てるようにはなりません。

教え方のうまいコーチは「もっと上からスイングしたほうがいいよ」「ひじをたたんで振るんだよ」って具体的に改善点を伝えると思います。それと同じですね。

ふらふらしてまっすぐ立たないときも、「ちゃんと立ちなさい！」ではなく、「天井に頭がつくくらいピンとしてごらん」「おまわりさんみたいに立ってみて」など、子どもがわかりやすいイメージを伝えることが重要なんです。

公園からスムーズに帰れるようにするには?

● 「もう帰るよー」と言ってもなかなか帰ろうとしないので、こちらもイライラしてきていつも修羅場になってしまいます。

てい先生の答え

「帰宅直前スペシャルメニュー」を用意しておく

公園やお外遊びから帰るときって、「やだ! まだ遊ぶ!!」ってなりがちですよね。そんなとき、子どもがスムーズに帰ってくれる方法を2つ紹介します。

「どっちのコースにする?」と選んでもらう

子どもにとっては「帰る=遊びが終わってつまらない」という認識です。ですから、「帰るよ」と言っても、素直にしたがってくれないのは当たり前。そこで、「すべり台やって帰るコースと、ブランコやって帰るコース、どっちにする?」と、最後の遊びを自分で選べるようにすると、いいと思います。

言われたことに従うだけではなく自分の意志が入るので、素直に言うことを聞いてくれやすいです。そのときに、回数も自分で決めてもらいましょう。「あと3回ね」と親が決めてしまうと、結局は親の言いなりです。「あと1回しかできないのと、あと3回もできるの、どっちにする?」と笑顔で聞けば、自然と子どもの答えも決まりやすいですよね。

逆転の発想で
「帰るのが楽しみ」
にする

　もうひとつは、「帰るとき
だけできる、とっておきの遊
び」をあらかじめ用意してお
くことです。そうすれば子
どもにとっては、「帰るとき、
あの遊びができる！」と、帰
る時間が楽しみになります。

　「帰る時間＝うれしい時間」
にするという発想をもつと、
親子ともにストレスが減りま
すし、ポジティブに変換とい
う考え方は子育てのいろんな
悩みで使えます。

とっておきの
ルーティンで
にこにこ帰る

　僕自身は保育園で、公園か
ら帰るときにだけ「ロケット
ビューン！」っていう、子ど
もを抱きかかえてグルッと回
す遊びをしています。子ども
たちはそれを知っているの
で、公園へ行く前から「今日
もロケットやってね！」と、
帰る時間を楽しみにしていま
す。皆さんも子どもが楽しみ
になる"締め"を考えて試
してみてください。

どっちのコース？

14 「走らないで!」と言っても 聞いてくれないときは?

● 静かにしてほしくて「走らないで!」と叱っても全然効き目がありません。

てい先生の答え

してほしい行動を そのまま言うほうが、 脳の構造として理解しやすい

　僕はよく講演会で、「パンダを想像しないでください」と言って会場にいる人たちにやってもらうことがあります。こう言われたら、逆にパンダを想像しちゃいますよね。本当にパンダを想像してほしくなかったら、「キリンを想像してください」って言えばいいわけです。子どもへの声かけも同じで、走ってほしくなかったら「走らないで!」ではなく、「歩こうね」と、してほしい行動をそのまま言ったほうが、脳の構造として理解しやすいので行動の修正につながりやすくなります。

「忍者みたいに歩いてみて」

　「ネコさんの歩き方」みたいな具体的なイメージが伝わる言い方もいいと思います。そのとき、「ネコの足音ってどんなだっけ?」「じゃあゾウさんは?」「さっきはゾウさんだったからネコさんで歩こうね」と、親子であらかじめイメージを共有してください。いつもと同じだと飽きるので、「今度は、のんびり屋さんの忍者にしよう」と変化をつけることがポイント。

15 こちらの話をちゃんと 聞いてほしいときは?

● ほかのことに気を取られて、話を聞いてくれません。
集中して話を聞いてもらうにはどうしたらいいでしょう?

てぃ先生の答え

確認は話をする前に!
順番を逆にしてみよう

　子どもに話をするとき、ご家庭では、「ちゃんと聞いて!
〇〇だからね。わかった?」という順番で話すことが多いで
すよね。しかし保育園では、この順番が逆になります。手遊
びや歌を歌って、子どもたちの意識を保育士に向けてから話
すんです。つまり、最後に「わかった? ちゃんと聞いてた?」
と確認するのではなくて、話す前に集中してもらって、「ちゃ
んと聞く態勢になっているか」を確認してから話すんです。

話す前のワンアクションで
集中できる

　先ほどのとおり、子どもに話をするときは、まず、子ども
の意識をこちらに向けるところからはじめることが重要です。
　そのためには、その子が好きな歌を歌ってこちらに注意を
向けてみたり、「ピンポンパンポーン」ってママパパが口で言っ
てみたり、向き合って手遊びしてから大事なお話をするなど
の方法があります。

16

「今度にしようね」を納得してもらうには？

● 「また今度、お出かけしようね」と言っても、すぐ行くと思うらしく、話が違うと大泣きされます。

てぃ先生の答え

カレンダーに丸をして「この日になったら行こうね」と言おう

　5、6歳くらいまでの子どもは、昨日、今日、明日や「何時何分」という時間の感覚がまだ理解できません。

　そこで、カレンダーを用意して、今日と約束の日に印をつけ、「ここが今日だよ」「この日になったらお出かけしようね」と、目で見てわかる形で示して、目でわかりやすくすることがおすすめです。終わっ  た日にはバツをつけると、日数の経過も感じやすくなります。

　「あと2つ寝たらお出かけだね」「お外が明るくなったらね」など、生活に即した言葉かけをするのもいいです。時間を教えるときも「長い針がここに来たらご飯だよ」などと子どもがわかりやすい方法で教えるのもいいでしょう。そのときは数字の部分に動物やキャラクターのシールを貼っておいて、「○○（キャラクターの名前）のところに針が来たら」と伝えれば、数字のわからない子でも理解できるようになります。

17 大事な話をしたいのに 子どもが話を 聞いてくれません

● 話をしたくても、きょうだいでわーわー騒いでいるのでいつも怒鳴ってしまいます。

てぃ先生の答え

あえて小さい声で 話してみよう

　子どもに伝えたいことがあるのに、テンションが上がっていて全然集中してくれない。そんなときは、「静かにして！」「ちゃんと聞きなさい！」と大きな声を出して注目してもらうのではなく、あえて小さい声で話してみるといいです。

効率的だし、お互いに気持ちいい

　小さな声で話すと「あれ？　ママ何か言ってるみたい」と、声を拾うほうに意識がまわり、自然と静かになります。

　大人が声を荒げたり、命令のような指示をするよりも、このほうが効率的だし、お互いに気持ちいいですよね。

　これは保育園でもよく使われるテクニックで、子どもがたくさんいても効果がありますから、ご家庭でもお試しあれ。

18 子どもに「ダメ!」と言って制止するのはあり?

● 子どもに否定語を使わないほうがいいと聞きますが、危ないことをしたとき「ダメ!」って叱るのもダメですか?

てぃ先生の答え

「ダメ」という言葉自体に悪影響はない。でも使いどころは考えて

子どもに、「ダメでしょ！」「〜しないで」といった否定語を使わないほうがいいと言われています。でも、状況によっては使わざるを得ないこともありますし、そういうときに否定語を使ったからといって即座に悪影響が出るわけではありません。しかし、これがずっと続く場合は異なります。子どもの自己肯定感の低下や自信の喪失につながりかねません。

一段落したら理由を聞いてあげる

やむを得ず言ってしまった場合は、その後のフォローを工夫すれば大丈夫。

状況がおさまって落ち着いてきたら、「どうしてそういうことをしたの？」と理由を聞いて、「そうか、そうしたかったんだね」とまずは共感してください。

そのあとで、「そういうときはこうしようね」と、「どうすればよかったのか」を話すことができれば子どもも納得できますし、次からは気をつけようとする意識にもなりやすいです。

19 何度も何度も 「見て見て!」と 言ってくるのはなぜ?

●絵を描いていると、何度もしつこく「見て〜!」と言って持ってきます。「上手に描いたね〜」と言っても納得してくれません。

てぃ先生の答え

「お魚の絵を描いたんだね!」って 具体的に伝えよう

　「見て見て!」は、基本的にこっちを見てほしい、かまってほしいという気持ちの表れ。だから、子どもが自分の描いた絵を持ってきたときに、しっかりと見ないまま「あ〜上手に描けたね〜」と適当な返事をすると、子どもはそれを敏感に感じとって、また「見て見て」になりがちです。

　子どもが絵を持ってきたら、単に「上手だね」ではなく、「ここの線がまっすぐですごくかっこいいね」「赤と青がまざって紫になってるところが素敵だなってパパは感じた」などと具体的なポイントをほめてください。そのほうが「ちゃんと見ているよ」ということが子どもに伝わりやすくなります。

　それが難しいと感じる場合は、もっと単純に「お魚の絵を描いたんだね!」と、見たままを伝えるのもOK。この言い方なら、子どもが「見てほしいのはそこじゃないのに」ということもなく、満足しやすいです。

20 1日じゅう同じことで叱っています

● 「ダメ」と言っていることをくり返します。
理解できないのでしょうか？

てぃ先生の答え

理解していないのではなく、注目してほしいだけ

　ママパパはお忙しいので、おうちでもやることがたくさんあると思います。余裕のないなかだと、どうしても子どものよいところよりも、よくないところが気になって、そればかりに反応しがちです。

　すると、子どもは「いいことするより、よくないことをしたほうが、かまってくれる」と気づいてしまうんです。

いい姿に気づいたときこそ、手を止める

　子どものよくない行動に対しては、くどくど長くならないように、あっさりと要点だけを叱ってください。

　逆に子どものよい行動があったときには、できるだけ家事やスマホの手を止めて、「素敵だね！」としっかり目を見て、向き合うことで、よくない行動より、よい行動でママパパに認めてもらおうとします。

　お忙しいと思いますが、親子のストレスを減らすためにがんばってみてください。

約束を守れるように
するには？

● 「お約束だからね。静かにしようね」と言っても全然守れません。
きちんと守ってもらうにはどうしたらいいですか？

てい先生の答え

守れなかったときに叱るより
「守っている状態」を
認めたほうが効果的！

　子どもが約束を破ってしまったとき、大人はそのことをとがめて叱ることが多いと思います。

　でも「約束を破ったら叱る」よりも「約束を守っている状態を認める」ほうが、子どもは約束が守れるようになります。

「こら！」よりも「できてるね！」で約束が定着する

　「ここでは静かにしようね」という約束なら、静かにできなかったとき「こら！ 静かにする約束でしょ！」と叱るより、ほんの少しの間であっても静かにできている姿があったら、「お、ちゃんと小さな声でお話しできてるね！」と、そのよい姿勢を認めるんです。認めてもらえたらうれしいし、約束を思い出して「これでいいんだな」と再確認できます。

　そうすれば、「こら！」なんて叱るよりもはるかに、自分から正しい行動へ立ち返ることができます。

　毎回叱られていると、"叱られないと直らない"ようになってしまう可能性も出てきます。

それ、本当に「約束」?

　でもその前にママパパに確認してほしいのは、その「約束」は「命令」になっていないかということです。

　「約束」というのは、本来、両者が納得してお互いに守ろうとするものですよね。その子が守れそうもないことを無理にやらせようとするのは「命令」ですし、それを守れないからと叱るのは、子どもにとっては理不尽な状況です。余計に約束を守る気がなくなってしまいますよね。

絶対に守れるハードルの低い約束からはじめる

　約束を守れる子にしたいと思うのであれば、絶対に守れるハードルの低いお約束からはじめて、「お約束守れたね」とほめてもらえる経験を少しずつ積み重ねていき、「僕はお約束を守れるんだ!」という自信につなげていくことが大切なポイントです。いきなり高い山は登れません。まずは丘を歩くことからはじめるイメージで。

自信をもって生きる力が育まれる

　そうしたらようやく、ちょっと難しいかなという約束にも挑戦できるようになりますし、自分から「約束!」なんて言ってくれることも増えてきます。自分から言った約束を守ることができたら、それは子どもにとってさらなる成長になりますね。

22 子どもに愛情を 伝える方法を 教えてください

● 「愛情不足」が子どもの成長によくないと聞きます。 どうしたら愛情を伝えられますか？

てい先生の答え

条件付きの愛情は避ける

　愛情を伝えることは大事ですが、それが「条件付き」になっていると、効果としては弱くなります。たとえば「○○ができたからいい子」という伝え方は、裏を返せば、それができなければいい子ではない、ということになってしまいます。ですから、朝に起きたときや夜の寝る前に「大好きな○○ちゃん、おはよう（おやすみ）」と、特別なことがなくたってあなたのことが大好きなんだよ、という親の姿勢を見せたほうが、子どもが無条件で愛されていることを体感しやすくなります。大人でも子どもでも、客観的に「自分の幸せそうな様子を見る」ことは、自分を肯定するうえで、精神的にすごく大事なことなんです。また、自分の笑顔の写真を見るだけで、幸福度が上がるという研究もあります。

「親子で一緒にスマホで自撮り」は 超おすすめ

　たとえば、親子で一緒にスマホで自撮りをしてそれをひざ

の上に乗せた子どもと観たり、家族で楽しく遊んでいる様子を写真に撮って飾っておくと、子どもはママパパの愛情を目で見て感じることができます。もちろん、安心感にもつながりますね。

夜、寝るときにお互いをほめ合いっこ

　夜、子どもを寝かしつけるときに、

　「今日、○○くん、ひとりでおしたくできてすごかったね」

　「ちゃんと歯みがきできたね」など、

　その日、その子の素敵だったところを伝えるのもいいと思います。

　そのとき反対に、

　「ママに素敵なところはあった？」

　と子どもに聞いてみるのもいいですね。きっと子どもなりに考えて、

　「ご飯おいしかった」「遊んでるときおもしろかった」

　とか言ってくれると思います。

　大人だって、誰かからほめてもらったらとてもうれしいもの。ママとパパでもいいし、家族でお互いほめ合いっこタイムを設けるのも素敵です。

23 「先回りして やってあげる」のは なぜ悪い?

● 子どもがお水をこぼさないように手を添えてあげたり、おしたくをしてあげたりしています。本人にまかせたほうがいい?

てぃ先生の答え

先回りしすぎるのは、その子を 否定することにつながる

「この子はまだうまくできないかもしれない」と思うことを、親が先回りして手を貸すことは多いと思います。

でも、それを子ども側から見ると、「ママパパは僕ができないと思ってる」「失敗すると思ってる」「失敗されたくないと思ってる」と感じられます。

子どもの自信を奪って 愛情も感じられなくなる

「失敗されたくない」ということは、子どもにとっては「自分のありのままの姿を受け入れてもらえない」ということ。つまり、なんでもかんでも先回りしてやりすぎてしまうことは、子どもの自信を奪うだけでなく、親から愛されていないのではないか、という不安を大きくしてしまうのです。

親としては愛があるからこそ手を貸しているわけですから、そんなふうに思われたら悲しいですよね。

「失敗して悲しい」
という感情を言葉にする

　できそうもないことを子どもがやりたがると、あとが大変とか、時間がかかるとか、結局失敗して泣くとか、大人にとっては面倒なことになりそうだと考えがちです。

　でも失敗して泣いているときに「そうか、失敗して悲しかったね。またやってみようね」と言葉にして伝えられたら、子どもは自分が抱えている感情を理解してもらえたと思えますし、できたときに「やったね！」とほめることができれば、チャレンジしてよかったという自信になります。

自己肯定感や
自信が高まる

　ちょっと大変ではありますが、やりたいと言うことはできるだけ挑戦できるようにして、子どもの自己肯定感や自信を高めるいい機会にしちゃうのがいいと思います。

　ただし当たり前ですが、安全に関わることは別です。けがをしそうなことは、「これはママがやるね」と言い切ることも必要になります。

24 上手なほめ方が わかりません

● 「ほめて伸ばす」と言いますが、「すごい！」「えらい！」とか大げさに言っ てもわざとらしくて、子どもにも響きません。

てい先生の答え

「ほめて伸ばす」のは 意外と難しい理由がある

「ほめて伸ばす」のは、たしかにいいことなのですが、意外と難しい面もあります。

なぜなら、大人は子どもをほめるとき、次もそのよい行動をしてほしいと期待してしまい、思惑どおりに動いてくれないと、「せっかくほめたのに」とがっかりして、子どもの否定につながってしまうことがあるからです。それに、子どもをやたらにほめようとすると、無理が出てくる場合もあります。

「ほめる」じゃなくて「認める」こと

僕が推しているのは「ほめる」じゃなくて「認める」こと。「ほめる」のを「認める」にするだけで難易度がめちゃくちゃ下がるんです。なのに、効果はほめる以上にあります。

積み木を高く積み上げていたら、「高く積めたね！」、ご飯を完食したら「全部食べたんだね！」、おもちゃを片づけたら「おもちゃ片づけたね！」と見たままを言うんです。

目の前の子どもの姿を
そのまま口に出すだけで十分

「認める」ならどんな姿も認められるので「ほめる」より回数が多くなるし、子どもは「ママパパがちゃんと見てくれてる」と安心でき、さらに「ほめてもらえた」と変換しやすいんです。

へんに「ここがすごい！」とほめると、本当はそこではないところをほめてほしかった……なんてことも出てきて、親も、せっかくほめたのに、と悲しい気持ちになります。ですから、ほめるのが苦手という方は、まずは「認める」からはじめてみることをおすすめします。

ネガティブなことも「認める」

「認める」は、ポジティブなことに限りません。

子どもが泣いていたら「悲しいんだね」「悔しかったね」と言うことも、認めたことになるんです。自分の明るい姿も暗い姿も、どちらも認めてくれる親がいることは、それだけで自己肯定感の向上につながります。「泣いている姿もいいね」なんて無理やりほめようとしても、失敗する未来しか見えません。

共感や感謝の気持ちを伝える

子どもが何かいいことをして本当にほめたいときは、「○○できてえらいね」「おりこうさん！」とまるで評価するかのようにほめるよりも、「○○できてうれしいね！ やったね！」と共感したり、「○○してくれたから助かったよ。ありがとう！」と感謝の気持ちを伝えてください。

そのほうが「評価」されるよりうれしさが倍増するはずです。

「叱る」と「怒る」の違いがわかりません

● 「叱るのはいいけど怒るのはダメ」と言われますが、自分でどちらをしているのかわからなくなります。

てぃ先生の答え

感情が湧き上がるのが「怒る」、指導する意味合いが含まれているのが「叱る」

　子どもが騒いでいるときに大声で「うるさい！」と怒鳴るのは、自分のイライラを吹き飛ばすための行為なので「怒る」、子どもを指導するために言う言葉は「叱る」だと思います。

　どちらか自分でわからないときは、「今言おうとしていることを、子どもを抱きしめながら言えるだろうか？」って考えてみてください。怒って感情を爆発させようとしているときは、子どもを抱きしめたり、なでなでしたりはできないと思います。

　感情にまかせて怒ってしまうとあとで自己嫌悪に陥ったり、寝顔を見て反省会になったりしますから、怒ってしまいそうなときは、いったん子どもから離れて、何が気になって感情的になったのだろう、と自己分析してみると、案外「こう伝えたらいいじゃん」とアイデアも出てきやすいです。

「叱らない子育て」って結局何？実際、どうすればいい？

子どもを叱ってはいけないわけではない

「叱らない子育て」って、よく聞きますよね。この言葉、けっこう誤解されているなと感じます。

「とにかく子どもの考えを尊重する」ととらえて、「そんなの無理でしょ」「そんなことをしたらわがままな子になる」といった反対意見もよく聞かれます。

でも「叱らない子育て」の本当の意味は、**「〝しつけをする＝叱らなければならない〟という認識を取り払う」**ことなんです。子どもを叱ってはいけませんとか、叱ることにはデメリットしかないからやめましょう、みたいな話ではないんです。

「叱らない子育て」
って結局何?
実際、
どうすればいい?

子どもを強く叱ると、
叱った内容は伝わりにくい

　詳しくご説明しますね。

　まず脳科学の観点からいうと、**子どものよくない姿や行動を見て「しつけのために叱らなきゃ!」と強く叱ると、その叱った内容は子どもに伝わりづらい**ことがわかっています。大人側が「叱らなきゃ!」と強く思えば思うほど、大事なことは理解してもらいづらくなるんです。

恐怖を感じると
脳の機能が働きづらくなる

　なぜかというと、子どもに限らず大人でも、**相手の表情や態度、そして言動から恐怖を感じると、その瞬間から脳の機能が働きづらくなる**からです。脳が一時的に萎縮している状態です。

　その状態の子どもにいくら強く叱っても、伝えたい内容はきちんと理解してもらえず、「あれをした

ら怒られてすごく怖かった」という記憶や印象だけが残ります。それが続くと、「叱られるのが怖いからその行動はやめる」という子どもの姿になっていきます。

その場に怖い人がいないと
同じことをしてしまうのでは意味がない

「叱ったらやめるんでしょ。じゃあいいじゃん」と思うかもしれません。でもこのやり方はその子にとって「怖いと感じる対象」がいないと成り立たないものです。つまり、その場に"怖い人"がいなければ、そのよくない行動をやめる理由がないので、子どもは同じことをしてしまいます。

これでは、叱ったことによって大事な内容が伝わったとはいえないですよね。だから、**内容よりも先に「怖い」がくるような叱り方は避けたほうがいいわけです。**

命やけがに関わることは
冷静にいけないことだと伝える

では、「怖い」と感じるような叱り方でなければいいの？ってことになりますが、そのとおりで、それなら問題ありません。冷静に、わかりやすく叱るなら大丈夫です。

ただしその場合でも、**「叱って伝えたほうがいいこと」と「叱らずに伝えたほうがいいこと」を区別したほうがいいと思います。**たとえば自分自身や、ほかの人の命やけがに関わるようなことは、冷静にきちんと叱り、いけないことだということを伝えてください。

「命の危険」と「片づけ」を
同じ熱量で叱ると
本当にいけないことがぼやけてしまう

叱るときに気をつけなければならないのが、ふだんの叱る熱量と、本当にいけないことをしたと

きに叱る熱量が、子どもから見たときに差がない状態にしないことです。たとえば、「片づけて」と言ったのに片づけなかったときにものすごい表情や声色で叱ったとします。そのあと、けがになりかねないことでも同じような叱り方をしたら、「片づけをしなかったこと」と「けがになること」が同等のように感じてしまい、本当にいけないことがぼやけてしまいます。

片づけると何がいいのか伝えると
自分の判断で片づけられるようになる

そもそも、たとえばお片づけなら、片づけると何がいいのかを子どもと一緒に考えて、「片づけるのが楽しい」とか「きれいなお部屋は気持ちがいい！」と思ってもらえるような導き方をするほうが、行動の動機が「叱られるから片づける」ではなくなりますよね。結果として、子どもが自分の判断で片づける姿につながるわけです。これは「ただ強く叱るだけ」では得られないメリットです。

【叱らなくても子どもが動くポイント①】
目的をずらしてみる

　とはいえ、毎回そんなことを考えられる余裕が
あるわけではありませんし、叱っちゃったほうが、
子どもがはやく大人の言うこと、やってほしいこ
とに取り組んでくれちゃうのも事実ですよね。

　なので**「叱らなくても子どもが動いてくれそ
う!」**というポイントを2つ共有させてください。

　ポイントその1は、**「目的をずらしてみる」**と
いうことです。

　たとえば保育園で外遊びしていて、「そろそろ
お部屋に戻ろうか」と言ったら、「やあだあああ
あ!」となってしまうとき。そんなときは、「先
生と一緒に玄関までうさぎさんみたいにジャンプ
ジャンプってしてみようか!」と提案します。そ
うすると目的が「お部屋に戻る」から「玄関まで
先生と一緒にうさぎさんの真似でジャンプをす
る」という楽しいことに変わりますよね。

【叱らなくても子どもが動くポイント②】
具体的に言う

　ポイントその２は、**「具体的に言う」**ということです。

　たとえばおもちゃの片づけであれば、「青いおもちゃを探してパパに教えて」と頼みます。そして子どもが青いおもちゃを教えてくれたら、「見つけてくれてありがとう！　じゃあパパが箱に入れるね」「次はパパが赤いおもちゃを見つけるから◯◯ちゃんが箱に入れてくれるかな？」というように展開していきます。

　こうすれば、結果的に、叱るよりもはやく、そして親子ともども気持ちよく片づけが進むと思います。できれば「◯◯ちゃんが片づけてくれたからこんなにお部屋がきれいになったよ。ありがとう！」「きれいなお部屋は気持ちがいいよね！」なんてつけ足すと、さらに子どもがうれしくなって、次回へのモチベーションにもつながります。

第 3 章

生活習慣・しつけ

の悩み、お助け中!

26

はじめての子育てで子どもに何をしてあげたらいいのかわかりません

● 生後2カ月でワンオペ状態です。
相談できる人もいなくて、どうしたらいいか毎日不安です。

てぃ先生の答え

超シンプル！「子育て＝子どもとの日常」です

　子どもが生まれたばかりだと、わからないことばかりで不安になる気持ち、よくわかります。

　でも、子育てを難しく考えすぎる必要はありません。「子どもとの日常をどう過ごすか」、考えたらいいのはこれだけです。僕たち大人はおなかがすいたらご飯を食べますよね。おしっこがしたくなったらトイレに行きますよね。眠たくなったら寝ますよね。子どもだって同じです。小さい子どもはそれをひとりですることができないので、大人が手助けする。これくらい単純に考えてください。

子どもとその日を過ごしただけで100点

　日常の中には遊びも必要です。子どもが遊びたそうだったら、一緒に遊ぶ。話したそうだったら、言葉をフォローしながら話す。そうした何気ない日常が、じつは立派な子育てになっているんです。子どもとその日を過ごした、これだけで100点満点の親なんですよ。

とってもシンプル

フェ〜ン

ほわ〜ん

うんち出たから
おむつ
替えようね〜

ウェーン

ちゅぱ

ちゅぱ

喜んでくれて
よかったな…

子育ては
子どもを見て
できること
をする
これのくり返しです

ゴクゴク

27

泣きやんでほしいとき、どうしたらいいですか?

● 小さい子に気持ちを切り替えてほしいとき、できることはありますか。「あわわわわわ」は効きますか?

てい先生の答え

まず「共感」と「代弁」、安心したら切り替えの遊び

　泣いている子どもの口に手を当てて「あわわわわわ」とやって、機嫌を回復してもらおうとすること、あると思います。

　そこでまず知っておくといいのが、泣きやんでほしいときは、まずは子どもの気持ちを大人が言葉にして、とにかく共感することが大事だということです。

　そのうえで、「あわわわわわ」とやるのは問題ありません。自分の気持ちをちゃんと理解してくれた、その安心感のうえに、気持ちを切り替えるための方法として遊びがあるという状態をつくりましょう。

不安なまま遊びに入ると、余計に泣いてしまう

　もしそれをしないままの「あわわわわわ」だと、子どもの不安を余計あおるだけです。

　子どもの気持ちとしては、自分はこんなに悲しかったり不安な思いを抱えていているのに、ママパパは少しふざけた様

子で遊ぼうとしているように見えているわけですから、あれ？自分の気持ちをわかってもらえていないのかな？とさらに大きな不安となってしまいます。

気分の切り替えには替え歌もいい！

　気分を変える方法は、赤ちゃんだったらビニールをがしゃがしゃするとか、子どもが好きな歌を歌うとかでもいいです。

　もうちょっと大きい子だったら、童謡でもはやりの曲でもなんでもいいので、親子ともに知っている歌を、替え歌にして楽しむのもおすすめです。

　たとえば歌詞にその子の名前を入れて歌うとか、ちょっとアレンジして歌うとすごく喜びます。いつも歌っている歌ですから、子どもは「あ、違う」って気づきやすいので、そうすると沈んでいた気持ちから意識がそれて、「違うよ！」って笑顔で反応してくれます。こういった対応で自然と気持ちを切り替えられるわけです。

子どもが思わずツッコミたくなるようなことが効果的！

　ほかにも子どもが知っている手遊びをわざと間違えてみたり、歩くときにつまずいたフリをしてみたり、「鼻がかゆいからかこう」と言いながらおなかをかいてみたり、大人の行動に子どもが思わずツッコミたくなるようなシチュエーションをつくるのがおすすめです。

28 どうしたらすぐに 寝てくれますか?

● 「早く寝なさい!」と言っても、立ち上がったり遊んだりしてなかなか寝ません。早く寝てもらうコツを教えてください。

てぃ先生の答え

子ども自身が寝る意識をもてる ルーティンをつくるとよいです

　子どもって、いくら親が寝かそう寝かそうとしてもなかなか寝てくれません。なので、寝かしつけでは「寝ようとする意識を本人にもってもらう」ことが前提になります。

　その基本は、「寝る前のルーティンをつくり、それをくずさない」。これにつきます。時間のない日は短い絵本でもかまいません。「絵本を読んだら寝る」と決めたら、毎日そうしてください。「今日だけ特別に YouTube を観てから寝ようか」とイレギュラーなことをしてしまうと、それが当たり前になり、寝るためのスイッチが入らなくなります。

寝るための準備をしてもらうのもおすすめ

　寝室の電気を消す、目覚まし時計をセットする、枕カバーをつけるなど、寝るための準備を手伝ってもらうこともおすすめです。とくに目覚まし時計は、「○○ちゃんがセットしてくれたから起きられたよ。ありがとう」と翌朝に感謝を伝えるとやる気が上がり、朝の機嫌もよくなりやすいです。

おやすみルーティン

※寝る前に**毎日同じことをくり返し**
おやすみモードをつくることが大切です

29 だっこでないと 寝てくれません

● 毎晩だっこしてゆらゆらしないと寝てくれません。
大きくなってきたのでしんどくなってきました。

てぃ先生の答え

「おふとんも安心だよ!」という 意識をもってもらいましょう

　立ったままだっこしていないと寝てくれないというのは、それが寝るときの習慣になっていて、その子にとっていちばんの安心になっているからです。そこからだっこ寝、おふとん寝に移行したいときは、「おふとんも安心」という意識づけをするとうまくいきやすくなります。

　日中でも寝る前でもかまいませんから、おふとんに一緒に触って「ふかふかで気持ちいいね」「温かくて眠たくなっちゃいそう」「ママはおふとん大好きなんだ〜」とお話してみてください。そうして、おふとんもいいものだと、子どもが感じられるようになれば、いざ寝るときもポジティブにおふとんを捉えられるようになります。あせらず、少しずつでいいので、おふとんと仲よしになるイメージで進めてみてください。

寝かしつけ便利グッズ

もっと小さいお子さんで、「おふとんにおろすときに起きて泣いてしまう」というお悩みなら、「トッポンチーノ」がおすすめです。モンテッソーリ教育で推奨されている赤ちゃん用の小さなおふとんで、ふだんからトッポンチーノごと赤ちゃんをだっこしていると、背中で感じる感触が常に同じになるので、そのまま下におろして寝かせても違和感なく眠り続けられます。

ホワイトノイズ作戦

寝かしつけのときオルゴールや静かな音楽をかけたりしますが、最近では、換気扇のゴーという音やテレビの砂嵐のサーという音などのホワイトノイズが注目されています。ホワイトノイズの周波数は、気になる生活音を消してくれて、赤ちゃんがぐっすり眠るための環境がととのいやすくなります。YouTube やアプリでも聴けるので、探してみてください。

上手なトントン

お背中やおなかをトントンするのも定番ですね。トントンはじつはけっこう奥深くて、「早く寝てー！」と思いながら適当にトントンしてもなかなか寝てくれません。

コツは、ゆっくりとしたリズムで、優しくトントンすること。本当は子どもの体に手を添えているだけでもいいくらいです。「こんなトントンされたら落ち着くだろうな」と自分に置き換えてみるとわかりやすいと思います。

いろいろやっていますが
どうしても寝てくれません

● 昼間、体をいっぱい使って遊んだり、「寝る前ルーティン」もしています
が毎日寝かしつけに苦労しています。

てぃ先生の答え

じつは呼吸が重要です。
寝たふりも効果的

　意外と見落としがちなのが呼吸です。

　いくら寝てもらうための準備をがんばっても、呼吸がととのわないと眠れないです。とくに寝つきが悪い子どもの場合、寝る直前まで興奮状態で呼吸がはやいままなことが多く、落ち着いて目をつむることが難しくなります。

　試しにはやいリズムで呼吸をくり返してみてください。どうですか？　落ち着くことはできませんよね。当然、その状態で寝るなんて不可能だと思います。

　最近では、寝かしつけ用の絵本として、呼吸に重点をおいたものがあったり、天井に丸い光を投影して、その光が大きくなったら息を吸う、小さくなったら息をはくといった機器があったり、そのくらい寝るときの呼吸のリズムが重要とされています。

　それでも寝ない場合は、ママパパが寝たふりをしましょう。自分だけ寝る状況だと落ち着かない子もいます。やりたいことはいろいろあると思いますが、一旦はママパパも寝る姿勢を見せると案外うまくいきますよ。

31 卒乳のタイミングがわかりません

● 義母から「まだおっぱいあげてるの？」と言われました。卒乳したほうがいいでしょうか？

てぃ先生の答え

必要だと思うなら続けてください

　2歳くらいでおっぱいを飲んでいると、「まだ飲んでるの？」なんて無遠慮に言ってくる人がいます。でも、いつ卒乳するかは、それぞれの親子が決めることで、他人がとやかく言うことではありません。誰かに言われたからと、あせって卒乳させると子どもが不安定になる可能性が出てきます。子どものことをいちばんよくわかっているのはあなたです。自信をもってください。

卒乳させたくなったら

　卒乳を考えているなら、その子の誕生日や何かの記念日など成長の節目をきっかけにすると、理解しやすいです。カレンダーの誕生日に印をつけて、「お兄ちゃん（お姉ちゃん）になるこの日におっぱいにバイバイしようか」と相談してみてください。本人のなかで「大きくなるからがんばろう！」という気持ちになれるタイミングなので、うまく卒乳できることが多いです。

おしたくが
スムーズに進みません

● 着替えや歯みがき、手洗いなどが超大変です。
自分から進んでやってくれるようになる方法はありますか?

てぃ先生の答え

「言われたからやる」は
習慣にならない

　朝起きて顔を洗う、歯をみがく、着替える、お外から帰ったら手を洗うなどの生活習慣は、自分から取り組みたくなるような仕掛けがないと身につきづらいです。言われたからやる、怒られるからやるといった動機は、その人がいないと成り立ちません。いずれ小学生や中学生になったとき、自分の判断でやらない選択をとるようになります。

おしたくボードが
おすすめ!

　そこで、まずは子どもに、「自分が何をしているか」の意識づけをしてもらうといいと思います。そのときおすすめなのがおしたくボードです。

　おしたくボードは「てあらい」「はみがき」「おきがえ」など、やるべきことやおしたくの内容がイラストで描かれたマグネットを、ボードに貼っていくもの。手づくりしてもいいですし、最近は、市販の安価なものもたくさん出ています。

　ボードの真ん中に線を引いて、「できた」「これから」のスペースに分け、できたものを「これから」から「できた」のスペースに子ども自身が貼り替えるようにするとわかりやすいです。子どもはやるべきことがビジュアルで理解できますし、ちょっとしたゲーム性もあり、取り組んでくれやすくなると思います。言葉で何度も言われるよりも、視覚で認知したほうがわかりやすいんですね。

子どもの行動の実況中継もしてみよう

　おしたくや生活習慣を身につけるには、ママやパパが、子どもがしていることを実況中継するのもおすすめです。

　「今、○○くんはおズボンをはこうとしています。右足、左足、どちらからはくんでしょうか!?」

　「お──っと！　左足からだ──！」

　「これは驚きました。なんと５秒ではくことができました！」

　というふうに、子どもがしていることを実況すると、自分が今何をしているかわかりますし、そのことに集中することができます。

　道具も何もいらない、すぐにできる方法ですし、何より楽しくおしたくが進むので、ぜひ試してみてください。

33 お風呂と歯みがきを いやがります

● お風呂と歯みがきが大嫌いなので、毎晩ゆううつです。
すすんでやってくれる方法はありますか？

てぃ先生の答え

やらされることだけでなく、「役割」をつくってみよう

「お風呂が嫌い」「歯みがきがいやだ」というお子さんは多いですよね。なぜいやなのか考えてみると、お風呂や歯みがきって、大人にやってもらうことばかりで、子どもが自分の意志でできることがほとんどないからなんです。

たとえば、お風呂の流れを子ども視点で見ると、

脱衣所に連れていかれる→服を脱がされる→髪や体を洗われる→体をふかれる→パジャマを着させられる→髪を乾かされる

と、大人にされるがままで、そのあいだ子どもは自分の意志で動くことができません。なので、その流れの中に、子どもが担当する「役割」をつくってみてください。

たとえば、「タオルを選ぶ」「パパの背中を流す」など。これらを子どもが毎日するお仕事としてやってもらうんです。

歯みがきなら「パパが○○ちゃんに仕上げみがきしてもらったから、今度はパパが○○ちゃんにしてあげる番ね」と言えば、子どもは「やらされてる感」が減って、スムーズに歯みがきが進みやすくなります。

役目があるってうれしいことだ

子どもが意地悪を するようになったら

YOUメッセージとIメッセージ

　子どもが大きくなってくると、意地悪やいたずらをする姿が見られることがあります。年齢によって詳細な対応方法は変わりますが、一貫して言えるのは**「お母さんは悲しい」「お父さんはいやだった」というメッセージを伝えたほうがいい**ということ。

　意地悪をした子に対して、**「あなたがよくない」「あなたが悪い」で終わりになってしまうと、ほとんどの場合、自分を非難、否定されたと思うだけで、肝心な部分は届かないんです。**

　ところが、親が主語のメッセージにすることで、子どもに響きやすくなります。

　これは「YOUメッセージIメッセージ」とも言いますが、YOU（ユー）は「あなたがしたこと」で、I（アイ）は「私はこう思った」という自分自身の感想です。このIメッセージを意識すると、したほうが、子どものやったことを単に否定するよりも、メッセージが届きやすくなります。

34 お着替え／おむつ替えをいやがります

● お着替えが大嫌いで着替えている途中なのに逃げようとするので、着替えにひと苦労します。

てぃ先生の答え

豊臣秀吉作戦がおすすめ

　お着替えやおむつ替えが嫌いな子は保育園でもたまにいます。いやがる理由は、「めんどくさい」「遊びに夢中だから中断されたくない」などいろいろありますが、意外と気づきにくい理由として、「服やおむつが冷たくてイヤ」という場合もあります。

　そんなときは服やおむつを少し抱きかかえて子どもの前で温めてみてください。そして「あったかくて気持ちよくなったよ～」と声をかけると、「自分のために温めてくれた」「本当に温かくなったかな？」と気になって、着替えやおむつ替えに意識が向きやすくなります。織田信長の草履を温めていた豊臣秀吉のエピソードから、僕はこれを豊臣秀吉作戦と名づけていますが、かなり効果があるのでおすすめです。

35 トイレトレーニングは いつからすればいい？

● トイトレって、いつから、どうやってはじめればいいですか？
スムーズにおむつがはずれるコツを教えてください。

てぃ先生の答え

「その子自身のタイミング ＋ちょっとしたコツ」で やってみてください

　最近は「おむつはずし」ではなく「おむつはずれ」という
表現をするくらい、トイレトレーニングはその子にあったタ
イミングで行うことがよいとされています。その子の発達が
まだ十分でないうちに「〇歳になったから」という理由で無
理やりはじめても、うまくいかないからです。

　トイレトレーニングをはじめるには、次の３つの条件が必
要になります。

　・自分でトイレまで行って座れる
　・膀胱に尿を少なくとも１時間半以上ためられる
　・尿意を感じて、それを大人へ伝えられる

　ただ、この３つがそろえば成功するかというと、そういう
わけでもありません。
　体や言葉は十分に発達していても、本人に「トイレでしよう」
という意識がなければ、トイレに行こうとしないからです。

おむつの替えを
トイレの近くやトイレの中でしておく

　「トイレでする」という意識をもってもらうには、トイトレをはじめる前から、おむつ替えをトイレの近くですることを習慣にしてみましょう。そうすることで、その子の中では、トイレが「おしっこをするところ」とか、「汚れたおむつを換えて気持ちよくなるところ」という認識ができてきます。

　そうしてようやく、先ほどの３つの条件がそろい、「じゃあ、おトイレでしてみようか」となったときには、すでにトイレへ行くという習慣が身についた状態ですから、かなりスムーズにトイトレが進むようになります。下のイラストでは、赤ちゃんがトイレ前でおむつ替えをしていますが、目安としては、立ったままおむつを替えられるようになったタイミングで、トイレ近くでの交換をはじめるといいです。

36 順番を守れるように するには どうすればいいですか?

● 「ブランコ、〇〇ちゃんの次に乗ろうね」と言っても 「やぁだ! 乗るの!」ってすぐに乗ろうとします。

てぃ先生の答え

順番が理解できるようになる 遊びをしよう

「お人形、あとで貸してもらおうね」「ブロックは順番だよ」と言うと、「〇〇ちゃんがやるの!」って、順番を守る様子がないときがありますよね。

これは、わがままで我慢できないのではなくて、まだ「順番」「秩序」というものを理解できていない場合が多いんです。

順番を理解 できるようになると……

順番を理解している子は、たとえば大人がブロックを「赤・青・黄・赤・青・黄」の順番で並べておいて、「次は何色?」と聞くと「赤」を選べます。

でもまだ順番を理解していない子は、「黄・黄」「青・赤」など、好き勝手に色をつなげます。もちろん、本当に好きでその色を選んでいる場合もあります。でもほかのことでも順番を理解していないようであれば、「ちゃんと待ちなさい」「順番まだでしょ」と叱っても、ママパパに怒られるからなんとなく

待っているだけで、本当の意味でわかっているわけではありません。

このように、順番を理解していないと予測が立てられないので、自分が遊ぶときも、「○○ちゃんの次にできるんだな」という予測が立てられません。つまりそういった子には「今」が重要だから、必死でそのときにやろうとするんです。

おうちでできる順番遊び

順番を理解してもらうには、おうちの中で順番を取り入れた遊びをするといいと思います。

お人形さんを使ったおままごとで、お人形さんが順番に何かをするシチュエーションをつくったり、上で書いたように、積み木やブロックを法則性のある並び方で並べ、「次は何色かな?」とクイズのように質問してみるといいですよ。

また、家庭内でも意識的に順番をつくって、「最初にママがお水飲むね。○○ちゃんは次に飲もうね」と声をかけたりすると、自然と学ぶこともできます。

苦手なものを
食べてくれません

● 栄養を考えて食事を作っているのに苦手なブロッコリーだけ残します。
どうしたら？

てい先生の答え

「ささくれ作戦」の成功率が
高いのでおすすめ

　子どもの苦手な食べ物ってなぜか栄養価の高いものが多い
ので、困っちゃいますよね。お料理を手伝ってもらったり、
細かく刻んで混ぜ込んだりすれば食べることもあるけど、毎
回それをするのはたいへん。そんなお悩みがあるママパパに
おすすめの方法があります。それが、「ささくれ作戦」です。

真っ白なお皿に乗せるのがポイント

　指のささくれ、ありますよね。子どもの苦手な食べ物をそ
のささくれくらい小さくカットするんです。お米１粒よりも
小さく。そしてそれをお皿の上に、１粒だけ乗せて出してく
ださい。食べることができたら「ブロッコリー食べられたね」
と思いっきりほめる。まだ食べるようなら、またささくれサ
イズで出してください。それを積み重ねていくと、「自分は
ブロッコリーを食べられるんだ」と自信がつきます。すると、
ある日少し大きめのブロッコリーが出てきても「食べられる」
と思っていますから、普通にパクッと食べてくれます。

38 食事をいつも残します

●一生懸命ご飯をつくっているのに、完食してくれません。
途中で立ち歩くことも多いです。

てぃ先生の答え

追いかけて
食べてもらうのはやめよう

　子どもが食事中に立ち歩くこと、ありますよね。立ち歩くどころか遊びはじめてしまうこともあると思います。

　そんなとき、どうしても食べてほしい気持ちから、親がお皿とスプーンを持ち、子どもを追いかけまわしながら食べてもらうことがあると思うんですが、これはやめたほうがいいです。これが習慣化してしまうと、本当に苦労します。親はもちろん大変ですし、子どもも食事に集中できないので、味覚や楽しさを感じられず、成長にとってもったいないです。

量をいつもの10分の1で出す

　まずは「自分は食事を完食できるんだ」と自信をもてるように、いつもの食事の量の10分の1だけにして食卓へ出してください。そうすればどんなに集中が短い子でも完食できます。それをほめるんです。「ぜんぶ食べられたね！」って。

　残したり立ち歩いたりすることを叱るより、食べきったことをほめたほうが、食事への集中は長くなりますよ。

食事に市販のお惣菜を出してもいい?

忙しくてスーパーで買ってきたお惣菜を出したら、まわりに「お惣菜はよくない」と言われました。

てい先生の答え

食事は大事ですが、気をつかいすぎると結局続きません

子どもの体のことを考えて食事を薄味にしたり、出汁などにこだわって繊細な味覚を育てることはとても素敵なことだと思います。

ですが、最初のうちはできても、時間の余裕がなくなったり、子どもが食べてくれなくなったりすると、途端に疲弊してきます。何事も適度に続けられるレベルがいいんです。

保育園や幼稚園に通っている場合は、そこで栄養を考えたバランスのいい食事をとることもできますから、自宅では最低限の気をつかった「食べてくれればいい!」くらいの食事でもかまわないと思います。しかも小学生にもなれば、お友だちの家でお菓子を食べてきたり、お小遣いを使ってコンビニで買い物をするようにもなります。それを知ったとき「今までの努力はいったい……」となってしまいますよね。食事に気をつかうことは素晴らしいですが、がんばりすぎないようにしてほしいと思います。

40 偏食が直りません

●ご飯をちゃんと食べず、バナナばかり食べています。
偏食をなくすにはどうしたらいいですか？

てぃ先生の答え

バナナでOK！
心配しすぎないように
してください

育児の悩みって、自分のまわりの大人を見ると解決することがほとんどなんです。自分のまわりにバナナしか食べない大人がいるか？と考えたら、たぶんいないですよね。それが答え。つまり、偏食といっても子どものころのごく一時期のことなので大丈夫です。反対に、子どものころは偏食がなくても、今は一度ハマったらそればかり食べ続ける大人もいます。

栄養が偏って成長に影響がないかと心配する人もいますが、何か口に入れているのであれば、大きな問題にはなりません。何も食べないよりは、バナナでも食べてくれるなら最高じゃないですか。無理に食べさせようとすると、食事そのものが苦痛になってしまう可能性があります。

子どもの食事で大事なことは、楽しさ、うれしさです。これ以上のことはひとつもありません。たとえバナナであっても、にこにこしながら食べているのであれば万々歳。「今日も笑顔でバナナ食べてくれてよかった！」と思うくらいでいいんです。食事が楽しいと思えば、少しずついろんな食材にも目が向きはじめますから。

41 あいさつができません

● 「おはよう」「おやすみ」「いただきます」などのあいさつができないのでガミガミ叱ってしまいます。どうしたらできますか?

てぃ先生の答え

無理にするものではありません

「あいさつしなさい!」と叱られるから、仕方なくするあいさつ。果たして気持ちがいいでしょうか?　答えはノーですよね。もちろん人にあいさつをするということは、大事なことです。習慣づけたいことでもあります。

でも、物事には順序がありますよね。子どものあいさつもそうです。いきなりは難しい。最初は見て、聞いているだけでいいんです。

できたときにほめる。
これをくり返そう

親やまわりの大人が気持ちよくあいさつして、それをやってみたい、真似してみたいと思ったときにはじめれば十分。おままごとや遊びのなかであいさつする様子があったら、「おはよう!あいさつってうれしいな〜」と、声をかけていけば、生活のなかでも自然と出てくるようになります。

「おはようは?」「いただきますは?」と追い詰めるよりも、

子どもからのあいさつを待って、できたときに思いっきりほめる。これをくり返したほうがポジティブにあいさつが習慣化されます。

オン／オフの気持ちの切り替え

子どもにとってあいさつは、「いったん静止してきちんとそのことに向かい合う」「オン／オフの気持ちの切り替えをする」といった意味もあります。

たとえば「いただきます」なら、手を合わせて静止するから「今から食べるぞ！」と、脳が切り替わって食事に集中しやすくなりますし、「ごちそうさま」なら、食事が終わってここからは別の時間だとわかりやすくなります。「おやすみなさい」なら、それを口に出すことで「今から寝るぞ」という気持ちになります。

こんなふうに、あいさつはその言葉の本来の意味を離れて生活の中での「合図」の意味があり、言うほうも言われるほうも、オン／オフの切り替えがしやすくなるわけです。

なので、「絶対あいさつさせなくては！」というよりも、「さあ、ここからは○○の時間だよ」という意味で大人が自然に口にしていけば、お子さんもだんだん生活習慣として言えるようになるのではないかと思います。

42 しつけは何歳から すればいいですか?

● 赤ちゃんなので遊び食べしたり、ティッシュをいっぱい出したりしても叱っていません。注意したり叱ったりするのはいつから?

てぃ先生の答え

理解できるようになるのは 1歳半くらいから

　子どもの発育についての次のような実験があります。

　年齢の異なる子どもたちを集めて、おもちゃを指差しながら「これに触っちゃダメだよ」と言って、大人はその場を離れました。

　その大人が急に戻ってきたとき、どの子どももそのおもちゃに触っていましたが、1歳4カ月くらいまでの子たちは大人が戻ってきたときも気にせず触り続けたのに対して、1歳半以上の子たちは半数ほどが「まずい」という顔をしたそうです。

　つまり、1歳半以上になると、脳が発達してきてだんだんと理解力や自制心などが芽ばえてくるわけですね。

　こういった結果から、していいこと・悪いことやお行儀などのしつけは、1歳半以降からするのが適切だと思います。

　だからといって、1歳半より前の子には何もしなくていいということではなく、危ないことやいけないことはきちんと伝えましょう。しかし理解が難しいので、そもそも危ないことやいけないことが起こらないお部屋の環境を意識することが、まずは大事になります。

環境を整えてハッピー

しつけは1歳半からはじめよう！

ぶーばー

それより前の月齢だと言い聞かせることが難しいので

ガシャーン

キャッキャッ

ゴミ箱また倒してる！

コラ！

…など大人が設備をととのえます

手の届かない場所に置く

ふた付きの頑丈なゴミ箱に変える

この時期は困りごとが起きない環境をつくろう

ガラーン

オシャレより日々のすごしやすさじゃよ

赤ちゃんゾーンに以前あったものたち

コラム

子どもを苦手な遊びや場所などに誘う方法は?

あらかじめイメージをふくらませたり、大人が手本を見せる工夫が必要

　子どもがいくら好奇心旺盛でも、まったくわからないものや、まったくわからない場所へポーンと投げ出されたら、**戸惑ってしまうのは当然です**。

　そこで、あらかじめイメージがふくらむようにしたり、大人が手本を見せたりなどの工夫が必要になります。保育士が使うオーソドックスな方法としては「導入」というものがあります。

「これをもっとやりたい！」と思う
楽しいステップを踏んでもらう

たとえば、水遊びをしようと考えた場合、いきなり「やるぞー！」と言っても難しいですから、夏本番を迎える前から少しずつ「水」に**興味・関心を引くような活動や環境をまいておきます。**

ふだんの手洗いの際に「お水冷たいね」「お水の音って気持ちがいいね」など簡単な言葉かけをしたり、桶に少量の水を張って慣れるなど、子どもが「お水って楽しい！」という気持ちになるようにするのです。子どもが**「これをもっとやりたい！」「もっとうまくなりたい！」と思うようになれば、それがどんな活動であれ、自然に飛び込んでいくようになります。**

そのためにそれぞれ何ができるか、どんな言葉かけがいいかを考えれば、とてもスムーズにうまくいくはずです。いきなり本番にあてるのではなく、楽しいステップを踏めるようしてみてください。

第 4 章

遊び・体の成長

の悩み、お助け中！

43 「いないいないばあ」で 笑ってくれません

● 「いないいないばあ」って定番ですが、赤ちゃんは本当に喜んでいるんでしょうか?

てぃ先生の答え

「予測を立てられる」ようになった 赤ちゃんに、めちゃウケる

「いないいないばあ」がなぜおもしろいかというと、赤ちゃんにとって、「予測と検証」になっているからです。

「いないいなーい」で相手の顔が隠れたとき、赤ちゃんは、次にどうなるかを予測しています。そうして「ばあ!」で、顔が出てくると、「思ったとおりだった!」「ほら、予想どおりに顔がでてきた!」と思って笑うんです。まだ予測と検証が難しい時期の赤ちゃんにやっても笑ってくれないのは仕方のないことですね。

怖がらせるのはNG

変化をつけたかったら、いつもよりタメを長くするとか、声色を変えてみたりすると、赤ちゃんが「あれ? これはどうなるのかな?」ってまた新しい仮説を立てて楽しめます。つまり頭を使う機会になるので、発達にもいい影響がありますね。ただし、びっくりさせるようなやり方は、赤ちゃんが怖がってしまうのでおすすめしません。

98

44 「たかいたかい」を怖がります

●パパが「たかいたかい」をすると泣いてしまいます。

てぃ先生の答え

ゆっくり上げたり下ろしたりするだけで十分楽しい！勢いよくする必要はありません

　もしかしたらその子にとっては、パパの「たかいたかい」がちょっと激しすぎて怖く感じているのかもしれませんね。

　肩車や「たかいたかい」をお子さんが喜ぶ理由は、物事が、ふだん自分が見ている視点から変わるのが楽しいから。

　「あ、高いところから見るとこんなふうに見えるんだ！」って、お子さんにとってはさまざまな発見があるんです。

　だから、はじめてお出かけする場所でやるのもいいですが、いつも通る道や場所でやってみると、「上から見ると、ここはこんなふうに見えるんだ」「塀の裏側はこんなふうになっていたんだ」って、新鮮な驚きがあるわけです。

　スリル満点にやらなくても、ゆっくり上げたり下ろしたりするだけでお子さんにとっては十分楽しい遊びですから、お子さんが怖がらない程度にやってくださいね。

たかいたかい

そろーり

●おままごとが発達にいいと聞いて高価なセットを買ったのですが、あまり好きではないみたい。どうしたら遊んでくれますか?

てぃ先生の答え

「誰かが遊んだ形跡」を つくってみる

いきなり「はい、おままごとで遊ぶよー」って言っても、子どもは「わかった!」って遊んでくれるわけではありません。なんでもそうですが、大人が興味をもってほしいと思っても、思惑どおりにいくとは限りませんよね。

もしどうしても興味をもってほしかったら、おままごとのキッチンにおもちゃの鍋を置いておくとか、フライパンに目玉焼きが入った状態にしておくとか、「さっきまで誰かが遊んでました」という状態をつくるといいです。子ども自身が遊びのイメージをつくりやすく、遊びに入っていきやすくなるからです。

大人が用意した遊びに子どもが興味を示すかどうかは本人しだい。子どもにいろんな体験をしてもらいたい、遊びの幅を広げてあげたいと思うかもしれませんが、電車が好きな子だったら電車のおもちゃを増やすほうが喜びますし、いっそうのめり込めます。本人の"好き"をサポートすることで、集中力や物事を深く掘り下げる力につながり、結果的にいろんな物事への関心も広がります。まずは狭く深くでいいんです。

遊びのきっかけ

あ〜
また動画
見てる

ままごとセットも
たくさん
あるのになあ

こんなときは
遊んでみてほしい
おもちゃを
少し出して
おくか

翌朝

そこのお嬢さん
私たちで遊んで
いかないかい？

ふふふ
大成功！

トントン

つくり
ましょ〜

ヨシッ

46 外へ出たがらないので、家でも体を動かしたいです

●外で遊ぶより家で遊ぶほうが好きみたいなので、家で体を動かす遊びを教えてください。

てぃ先生の答え

床にテープを貼るだけで楽しく遊べる

小さいころ、道路の白線の上だけを歩いたり、横断歩道の白い線のところだけを踏んで進んだりしませんでしたか?

日常生活のこんな何気ない遊びが、子どものバランス感覚を養って、運動能力を高めています。

外で遊びたがらない場合や天気が悪くておうちから出られないときも、これを応用して、おうちの床にビニールテープを貼り「ここから落っこちないように歩こう!」とか、テープで丸や四角をつくって「この中が島で、ここの外は海だよ!島の上だけ通って向こうへ行けるかな?」なんて遊びをしてみてください。定期的にコースをアレンジしたり、成長にあわせて少し難しくしたりするのがポイントです。

動物なりきりごっこもおおすすめ

親子で、何かの動物になりきって、お互いになんの動物か当てる、なんていう遊びもおもしろいです。「じゃあウサギさんになって、ジャンプで向こうの壁まで競争!」もいいですね。

47 ぼーっと何かを見つめています

●ほかの子が活発に遊んでいるとき、ぼーっとしていることが多いです。
発達に何か問題があるのでしょうか？

てぃ先生の答え

何かをじっと見るのは
とても大事です

　生まれたばかりの赤ちゃんのベッドの上に、くるくる動くベッドメリーやゆらゆら揺れるモービルをつけると、じーっと目で追っていることがありますよね。

　「目で何かを追う」という行動は、目の発達にいいことはもちろん、目は脳と深く関連しているので脳の発達を促すうえでも大事です。人は目から得た膨大な情報を脳で処理し、判断することで、さまざまな行動を行っているからです。

　ですから、小さい子がじーっとアリを見ていたり、鳥が飛んでいるのを見ているのは、決して何もしていないわけではなくて脳の成長にとってプラスになる行動ですし、場合によっては疲れていて、自然に脳を休めていることもありますから、声をかけずに見守ってみてほしいと思います。

48 子どもが たたいてくるのは なぜ?

●子どもが急にバンバンたたいてきてかなり痛いので、「やめて!」と怒鳴ってしまいます。

てぃ先生の答え

大人の気を引きたいだけかも。 「ちょんちょんってして」に 置き換えよう

　子どもが急に大人をたたいてくると、大人はびっくりしたり痛かったりしてイラッとしますよね。ではなぜ子どもがたたくかというと、大人にかまってほしい、自分に注目してほしい、というのが多い理由です。大人がなかなかこっちを向いてくれないと、ますますたたいたり、大声を出したりするわけですね。

　だから、子どもが大人の注意を引きたそうなときは、別の行動へ置き換えるように仕向けてみてください。

　たとえば、バンバン!ってたたいたときは、「ちょんちょんか、なでなでをやってみて」ってお願いします。そしてちょんちょんってしてくれたらにっこにこで「どうしたの〜?」って振り向く。すると、たたくよりちょんちょんのほうが楽しく気を引けるじゃん!と子どもが気づけるので、たたくことが減ります。

49 ベビーカーから 降りたがります

●お出かけのとき、ベビーカーに乗るのをいやがって、自分で歩こうとします。

てぃ先生の答え

歩くのが楽しくて 仕方ない時期です

　子どもにとっての「歩く」って、大人が歩くのと意味が違うんですよね。大人は、どこか目的地があってそこまでの移動手段が「歩く」ですが、とくに小さい子どもは歩くこと自体が楽しくてしかたないから歩くんです。

ゴールを決めて、そこまで歩いたら終わり

　これは理想論になりますが、せっかくの素晴らしい時期なので、どうやってベビーカーに乗ってもらうかよりも、まずは歩く時間をどうやって確保するかを考えたほうが、子どもの成長にとってはプラスになります。

　とはいえ、いつまでも歩かれたら目的地へたどり着けませんから、ゴールを決めて、そこへタッチしたら終わり、と決めるのがおすすめです。できれば何かの看板や自動ドアのボタンなど、大人にだっこしてもらうと届くゴールがいいです。すると、歩いた＋達成感が生まれるので、比較的うまくベビーカーに乗ってくれますよ。

50 だっこひもとおんぶひも、どちらがいいですか？

●成長のためにはおんぶひものほうがいいと聞きました。
それぞれ、メリットデメリットが知りたいです。

てぃ先生の答え

成長にあわせて
使い分けるといいです

　だっこひもとおんぶひも、どちらが絶対にいいということ
はありません。ただ子どもにとっては、おんぶひものほうが
視線が外に向きやすいので、いろんな発見があり好奇心も満
たされます。たまにだっこひものなかにいる子どもが、首を
グイッと曲げてまわりを見ていることがありますよね。そう
いった姿が頻繁に見られるようになったら、おんぶひものほ
うがおすすめです。移動中もママパパと同じくらいの高さか
らずっとまわりが見えるので、お出かけ
中も飽きずに機嫌よくしてくれる、とい
うメリットもあります。

　だっこひものいいところは、ママパパ
の顔が見られたり、守られているという
安心感があったりするところです。
最近はだっこひもでも、前を向いた状態
で子どもが入れるものがあるので、子ど
もの成長にあわせて使い分けてほしいと
思います。

51 子どもが一瞬で 笑顔になる方法を教えて

●子どもが一気に笑顔になる方法を教えてください！

てぃ先生の答え

まず、ぬいぐるみを 頭にのせてください！

ママパパがぬいぐるみやおもちゃを自分の頭に乗せて、子どもに向かって「今からごあいさつするね！こんにちは～！」と言いながら、お辞儀をしてください。

すると、頭にのせたぬいぐるみやおもちゃが下に落ちますよね。そうしたら「落ちちゃった！」って笑いながら言ってください。そしてもういちど頭にのせて、同じことをくり返します。最初から笑う子もいますし、何度かくり返すと笑う子もいます。ポイントは大人が恥ずかしがらずに、笑顔でやることです。

「また起こりそうだ！」からの 「やっぱり落ちた！」で笑う

「落ちるぞ、落ちるぞ」という期待と、実際に落ちたときの満足感がいい刺激になります。ものが落ちること自体が子どもにとっておもしろいので、落ちるタイミングを変えたり、乗せるものを変えたりしながら、何度も楽しんでください。

52 本好きな子にするにはどうしたらいいですか？

● 絵本にあまり興味がないようで、せっかく読んでも聞いてくれません。

てぃ先生の答え

「本を好きになってもらう」の前に、「本を読む"時間"を好きになってもらう」

本にあまり興味がない子に、「ほら、本読むよ」と誘っても読んでくれないですし、集中力も続きません。

僕がたくさんの子どもを見てきたなかで実感しているのは、本が好きな子は「本を読む"時間"が好き」だということ。なので、いきなり本を好きになってもらうのではなく、本に関連する時間を好きになってもらうんです。

「絵本の時間って幸せだな」

たとえば、絵本をおひざの上で読んだり、読んだあとにハグしたり、なんでもいいんですが、子どもにとって「絵本の時間って幸せだな」「ママパパとたくさん触れあえてうれしいな」って思える楽しみな時間になるように工夫する。

そうすれば、子どもが自然と本に対してポジティブな気持ちをもつようになりますし、自分から絵本を持ってきて「読んで」と言う頻度も高くなります。いきなり物語を楽しめる子はいません。まずは絵本を読む時間を楽しんでもらいましょう。

買ってきても すぐに読まない

あとは、買ってきた本をいきなり読むのではなくて、子どもの目につくところに飾っておいて「あれ何？」「見たい！」と子どもが興味を示したときに読むのも方法のひとつです。

親が選んで「さあ読むよ」という読み方よりも、子どもが自分で興味をもったという形になったほうがいいので、子どもが好きそうなテーマの絵本を買ってきて、まずは飾ってみましょう。

親がひとりで 楽しんでいる様子を 見てもらうのも効果大

子どもには何も言わず、黙ってにこにこしながら、大人だけで絵本を楽しむのもおすすめです。ママパパがスマホを見てニヤけたりすると、「なに見てるの？」と子どもがスマホをのぞき込んでくることありますよね。あれと同じことを絵本で起こすわけです。「ママパパがあんなに楽しそうに絵本を読んでいるなら、自分も読んでみたい！」という気持ちになりやすいので、あえて子どもを誘わずに、まずは大人だけで楽しんでみてください。

子どもに言葉を教えるのは何歳から?

● 子どもに語彙力を身につけてほしいです。
何歳から言葉を教えればいいですか?

てぃ先生の答え

赤ちゃんが何かを指さしたとき、「○○だね〜」と声をかけよう

答えとしては、赤ちゃんの時期からでもできます。まだ話せなくてもまるで「あれを見て!」「○○があるよ!」と言っているかのように、ママパパの顔を見ながら「あー」「んー」などと声を出して何かを指さすことがありますよね。

このときにポイントになるのが「共同注視」です。ママパパと一緒に同じものを見て、関心を向ける。これが子どもの成長や言葉の獲得にとって重要なものになります。

自然に言葉を理解していく

ですから、赤ちゃんが花を指さしたら、「お花が咲いてるね〜。きれいだね〜」とか車を指さしたら「くるま走ってるね。はやいね」とか言葉をかけると、赤ちゃんは自然と「お花」「くるま」などいろいろな言葉を獲得していきます。指さしにこたえると赤ちゃんはうれしくなりますし、もっとほかのものにも関心を向けるようになります。少し大きくなってきたら

「赤いお花」「くるまが1台」など、色や数を混ぜていくといいですよ。

　ただしあくまで自然に。教えようという気持ちが前に出すぎると、子どもは途端に嫌がります。

無理に教えなくてもいい

　絵本を開いて「これはうさぎ」「これはでんしゃ」などと教えることがよくないとは言わないですが、子どもがまだ興味がないのに強制的に覚えさせようとすると、子どもにとってその時間が苦痛となり、絵本を見ることやお話をすること自体をいやがるようになってしまう可能性があります。

　「○歳だから」と無理に覚えさせなくても、ママパパがお子さんと同じものに注意を向けて、いっしょに感動したり、おもしろいね、って共感することが、どんな教育よりも子どもの成長にとって素晴らしいことなので、この点は忘れないようにしてください。

　なかには「なかなかしゃべらない」とあせるママパパもいます。ご不安な気持ちは痛いほどわかります。ですが、難しい顔をしたママパパの話より、笑顔のママパパの話のほうが入っていくと思いませんか？　子どもの成長は十人十色。みんなが成長曲線の上に乗っているわけではありません。とくに言葉はじっくり時間をかけていいんです。あせらずに進めてみましょう。

54 お絵描きが上手になるには?

● うちの子どもは絵がへたで、お絵描きが嫌いです。絵の上手な子にしてあげたいんですが、何かコツはありますか?

てぃ先生の答え

大人が「上手な絵」の固定観念をはずすといい

　僕は、「お絵描きにうまいへたもないじゃん!」って思います。表現というのは、自分が感じたものを外へ出すことが大事なんですから、何か紙に描いた時点で素晴らしいことです。仮に描かなかったとしてもいいんです。表現は絵だけではありません。言葉でも体でも可能ですから。

　そもそも絵のうまいへたってなんでしょうか?　現実にあるものを見たままに描けたらうまいのでしょうか?　でも抽象画を描く人もいますし、それで感動する人も多くいます。大人の評価軸で子どもの絵を判断するのをやめて、子どもの表現にのみ目を向ければどれも素敵な絵ばかりです。

大人が一緒に描く。大人が描くのを見るだけでもいい

　それでも、教室に通っているとか、授業があるとか、何らかの理由で技術を求めたいのであれば、子どもだけに描いてもらうのではなく、とにかく大人と一緒に絵を楽しみましょ

う。最初は大人が描くのを見るだけでもいいと思います。パパが大好きなキャラクターを描いてくれて楽しかった！っていう経験が、「僕も上手に描きたい」につながるかもしれません。

　お習字でも大人の筆はこびを見て学ぶことが多くあります。憧れは強い力になりますから、まずは大人が楽しそうに絵を描いてみてください。もちろん大人だって絵のうまいへたを気にする必要はありませんよ。

大人が絵に
口出しすると
嫌いになってしまう

　ママパパに注意してほしいのは、「絵を嫌いにさせる」ことをしていないかです。

　よくあるのは、紙いっぱいに描いていないと「ここまだ描けるよ」と言ったり、「海は青だよ」なんて口出ししてしまうこと。「こうするべき」と決めつけられると、「もう描きたくない」になってしまいますよね。

夏にサンタさんを
描いたっていい

　園でも、「冬だからサンタさんの絵を描きましょう」とかよくやるんですが、べつに冬にスイカの絵を描いたっていい。大人が固定観念をはずし、「どんな紙に描く？」と子どもに画材から選んでもらうと、いっそう個性的な絵になると思います。

　ペンや筆を使って表現をしたこと、それ自体が素敵なのだということをどうか忘れないでください。

113

55 親から離れて遊ぶことが できません

●児童館で、まわりの子たちと遊ばせようとするのですが、戻ってきてしまいます。どうしたら遊びに入っていけますか?

てぃ先生の答え

戻ってきたら無条件で 受け入れて

生まれたばかりの赤ちゃんは、自分を守りお世話してくれるママパパとぺったり肌を合わせて過ごします。やがて成長するにつれ、はいはいしたり、よちよち歩きしたりして少しずつ離れていきますよね。

でもそうやって出ていった先で何かいやなことがあったり、不安なことがあると、また安全基地であるママパパのところに戻り、自分の心を安定させようとします。

それをくり返して、だんだんともっと遠くへ行けるようになるわけです。

遊び場は、子どもにとっては冒険の場所

児童館や公園など、まわりに自分以外の子どもがたくさんいたり、おもしろい遊具やおもちゃがいっぱいある場所は刺激的で楽しい場所ですが、それと同時に、子どもにとっては、何が起こるかわからない場所でもあります。

ですからそこで遊ぶことは、子どもにとっては7つの海に

探検へ行くくらい、勇気が必要なことなんですね。そしてその冒険で傷ついたら、安全な基地に戻って癒されることで、また次の冒険に出かけられるわけです。

安全基地から締め出されるとパニックに

　ところが質問者さんのように、戻ってきた子どもの背中を「もっと行きなさいもっと行きなさい」と押してしまうと、子どもはせっかく戻ってきた安全基地から締め出された恐怖と不安で、パニックになってしまいます。

　そうなるともう、どうしたら安全基地に戻れるかということしか考えられなくなり、冒険どころではなくなります。親が押せば押すほど子どもは戻りたくなるという悪循環になるわけです。

　ですから、もし子どもが戻ってきたり、そもそもおひざから出られなかったりしても、無条件で受け入れて、「○○ちゃんを守るよ」「大丈夫だよ」「どうしたの？」と、気持ちを言葉や態度に示して子どもを安心できるようにしてください。そうしていると、いずれ子どもはまた安心して冒険に出発できるようになります。

　そしてそれを日々くり返していくと、冒険の距離がどんどん長くなり、いつしかママパパがいなくても遊べるようになりますから、あわてず見守ってほしいと思います。

お友だちと仲よく遊べるようになるには?

● 保育園にお迎えに行ったときや公園で、いつもひとりで遊んでいます。お友だちとうまく遊べないのかな？ と心配です。

てい先生の答え

ひとりで遊びこめれば大丈夫です

　保育園に入園されたばかりのママパパがよく、「うちの子、お友だちと遊べてますか？」って心配されるんですが、発達の目安からいうと、お友だちと遊べるようになるのは3〜4歳からです。さらに、お友だちと協力して何かをつくるとか、ルールのある遊びをして勝敗を競うのが楽しいってなるのは、4〜5歳くらいです。だから、1〜3歳くらいの子がひとりで遊んでいても何も問題ありません。というか、むしろそのくらいの時期はひとり遊びがとても大切なんです。

ひとりで遊びこんでいたら、そのままに！

　ひとり遊びは、想像力や思考力、集中力などが育つとても重要なものです。ひとり遊びなくして子どもの成長はありません。人生最高の時間と言っても過言ではないんです。そんなすごい時期の子どもにわざわざ声をかけて、ひとり遊びを中断させるなんてもったいなさすぎます。ひとり遊びを楽しんでいる子どもは、ぜひそのまま見守ってください。

ひとり遊びが
上手な子は人気者に

　「でも、そのままじゃお友だちと遊べないんじゃ……」とご不安な方、安心なさってください。

　ひとり遊びで夢中になってめちゃくちゃ楽しそうにしている子がいたら、そんなのまわりの子が放っておきません。「なんか楽しそうだな」って集まってきて、自然に一緒に遊ぶことが増えてきます。たとえばお砂場ですごい山や川をつくって夢中で遊んでいたら、その子から声をかけなくてもまわりから来てくれて、「トンネル掘るね」「お水持ってくる！」と遊びが盛り上がっていきます。

ほかの子と遊んで
と言わなくて大丈夫

　「お友だちと遊んでおいで」なんて言わなくても大丈夫。思う存分、好きなだけひとり遊びをしてもらったり、恐竜や昆虫、お花などの図鑑を1日中ながめてもらったりして、子どもの「好き」を育てていきましょう。

57 おすすめの習い事は?

●そろそろ習い事を考えています。
子どものときにやっておくといい習い事はありますか?

てぃ先生の答え

脳の発達には
指先を使う遊びが
奨励されています

　近年注目を集めているモンテッソーリなどの教育では、指先を使う遊びが奨励されています。脳の発達には、意識して指先を使うことがとても効果的だと、さまざまな研究や論文で明らかになっているからです。

　脳の中では、膨大な数の神経細胞がネットワークをつくり、情報伝達を行っています。細胞と細胞の間で情報をやりとりしているのがシナプスです。シナプスは4歳くらいまでに爆発的に増えるのですが、そのシナプスを増やすのに指先を使うことがとても効果があるということです。もちろん4歳を過ぎたからダメなんてことはありません。何歳になっても指先を使うことは脳にとってプラスに働きます。

しいてあげるなら
ピアノです!

　要は、指先をたくさん使うと、子どもの成長にめちゃくちゃいいということですね。

　そう考えると、ピアノは指先を意識的に使うという点でとても優れているし、触って音が出るということそのものが、子どもの興味関心をひきやすいので、おすすめしたい習い事のひとつです。

全身運動になる
スイミングも
おすすめ!

　ピアノ以外では、スイミングは全身運動なので体の発達にとてもいいですし、運動能力の向上にもつながります。肺活量は人間の活動にとって重要な要素のひとつですから、そういった意味でもスイミングはいいですね。

親も興味をもって

　どんな習い事でも、ママパパも興味を示したり、会話に出したりすることが大事です。子どものモチベーションが上がりやすいですし、興味をもっていないことがわかると一気に「やらされてる感」が出て、習い事をいやがってしまいます。

　学校に上がって塾へ行くようになっても同じなんですが、学びをより深めるためには、習ったことをママパパへ教える時間が5分あるだけでも、自分だけで取り組むのと違う目的意識が出てきて、定着度が違います。子どもって自分が知っていることを人へ話すとき、とてもいきいきしていますよね。ただ習っておしまいではなく、おうちでママパパへ教える時間をぜひ設けてみてください。子どもが何かを得意になるかどうかは、こういうところで大きく変わると思います。

58 自慰行為を
やめてもらうには?

● 気がつくと性器を触っています。どうしたらやめられますか?

てぃ先生の答え

普通のことなので
叱らないでください

　ズボンのなかに手を突っ込んで性器を触ったり、直接触らなくても何かにこすりつけたりして、自慰行為をする子もいます。

　見かけるとショックを受けるかもしれませんが、性欲からそういった行為をしているわけではなく、なんとなく気持ちがいいからやっていたり、なんだか心が穏やかになって落ち着くからやっていたり、単に手持ち無沙汰だからしたりということもあります。

　そこへいきなり「何してるの！ 恥ずかしいよ！」みたいに言ってしまうと、子どもを傷つけてしまいますから、きつく叱ったりするのは避けてください。全然特殊なことではなく、普通のことなんです。

心を穏やかにすることを心がけよう

　何か不安を感じたり、ストレスがかかったりしたときに、性器を触ることで落ち着いてくることもあります。その不安

やストレスの原因に目を向けて、根本的な部分の解決を優先しましょう。それがないまま叱ってやめさせると、心が不安定なまま、より行動が乱れてしまう可能性があります。

　原因がはっきりしない場合は、頭をなでる、手をにぎる、ハグをするなど、子どもが安心できるようなスキンシップを心がけるだけでも違います。

大事な「性のおはなし」をするタイミング

　子どもの自慰行為は、逆に考えると、性教育をするよいタイミングかもしれません。海外では、「おっぱい」や「おしり」に興味があり、しかもまだ恥ずかしがらずに素直に大人の話を聞いてくれる３歳くらいが、性教育をするのによい年齢とされています。

　「水着で隠れるところと、お口は大事な場所なんだよ」「誰かに見せてと言われも見せてはいけないし、触らせてと言われたら、いやだと伝えていいんだよ」といった話をしておくといいですよ。

　無理やりではなく、あくまで子どもの関心があるときにしてくださいね。

「赤ちゃんって どこから来るの?」 と聞かれたら

性に関する質問、ついごまかしたり 聞こえないふりをしてしまったり

「赤ちゃんってどこから来るの?」

「ちんちんはなんで大きくなるの?」

(テレビのベッドシーンを見て)「あれ、何してるの?」

などなど、性に関する質問、どう答えたらいいか困りますよね。ついごまかしたり聞こえないふりをしてしまったり。どう対応するのがよいのでしょうか——というお話をする前に、性教育をするときの前提を共有させてください。

性教育は、
何歳からはじめる?

　まず「**何歳から性教育をすればよいのか?**」です。
　これは、だいたい3歳くらいからと言われています。子ども本人が恥ずかしいと感じる年齢になると、向き合ってまじめに聞いてくれなくなるかもしれないので、ある程度話がきちんと通じて、素直に受け取ってくれる3歳くらいが目安になります。

　あくまで目安ですから、「3歳になったら絶対!」ということではなく、子どもの口から性に関するワードが出てくるようになったら、と考えておくといいです。

日ごろからなんでも
聞きやすい環境をつくる

　さらに、「性教育をするときに大事なこと」があります。
　大きく分けて3つ。1つ目は**「日ごろから子どもがなんでも聞きやすい環境をつくる」**です。子ども

は好奇心でいっぱいなので、いろいろな事を大人に聞きます。そんなとき、「そんなこと言ったらダメ!」「そんなこと聞かないで!」など、好奇心にストップをかけるような対応をしてしまうと、何か気になることがあっても聞きづらいし、言いづらくなります。好奇心をもつこと自体は悪くありません。よくないのは場を選ばずに口にすること。なので、聞かれたら「そういうことが気になったんだね」と気持ちを認めたうえで、「おうちに帰ったら話そうね」と伝えれば、言ってもいい場所、言ってもいいことの選別ができるようになっていきます。

大人が恥ずかしがらないことが、危険回避になる

大事なことの2つ目は、「大人が恥ずかしがらない」です。

照れ隠しから話をそらしたり、笑い話にしてしまったりすることもあると思いますが、これは、子どもからしてみれば「この話をしてはダメなんだ」「聞

いたらよくないことなんだ」という理解になります。そうするといざ子どもが性のことで何か悩んで不安になった時期に、いちばん頼りにしたいはずの親御さんに、相談ができない状況になります。すると不確かなネットの情報やまわりの話だけに頼ることになり、場合によっては危険なことにもなりかねません。恥ずかしがらずに、しっかりと子どもと向き合う必要があります。

いきなり話しても伝わりにくいので、性に関する絵本などがあると役立つ

　大事なことの3つ目は「導入」です。いきなり性教育の話をしても子どもは「ぽかーん」ですよね。なので、子どもから質問があったら話をするか、性に関する絵本などを1冊をおうちに置いておくと役に立ちます。不必要に怖がらないように環境をととのえましょう。

「赤ちゃんって
どこから来るの?」
と聞かれたら

恥ずかしがらずに
事実を淡々と話せばいい

　以上のことをふまえて、「赤ちゃんってどうやってできるの?」と聞かれたときの対応法をお伝えします。聞かれたらこう答えてみてください。

　「卵子っていう小さな卵と精子っていう小さな種が一緒になると赤ちゃんができるんだよ」、これでOKです。「そんなの子どもがわかるわけないじゃん!」と思うかもしれませんが、これが事実です。ごまかす必要はありません。

　「なんでちんちんは大きくなるの?」と聞かれたら、**「小さな種を小さな卵と一緒にするために、ちんちんを女の人の膣っていうところに入れるんだよ。そのときに大きくなっているほうが便利だからだよ」**と答えればいいんです。これも事実ですから。

性行為の低年齢化や
性犯罪も多い時代、
正しい知識を身につけておく必要がある

　へんにごまかしてうそや冗談を伝えてしまうより、
今はまだわからなかったとしても、事実を話してお
おいたほうがいいです。

　近年では性行為の低年齢化が問題になっていたり、
性犯罪が増えていたりしますから、自分のこと、そ
してお相手のことを守るためにも、正しい知識を身
につけておく必要があります。

第 5 章

教育・心の発達

の悩み、お助け中!

59 イヤイヤ期って、なんですか？どうしたらいいですか？

● イヤイヤ期に突入して、手に追えなくなりました。
毎日子育てがつらいです。

てぃ先生の答え

自分の気持ちを表現するための言葉がまだ育っていない時期

子ども「イヤーーーー！！！」
親「イヤじゃない！」

　っていうやりとり、街中でも見かけることがありますよね。

　イヤイヤ期というのは、なんでも親にしてもらって、なんでも親の言われたとおりに行動していた子どもが、「あれ？自分にも意志あるぞ」と気づいて、自己主張をはじめる時期のことをいいます。しかし当然、自分の思ったとおりに物事が進むわけではありません。上手に体を使いこなせるわけでも、言語を巧みに操れるわけでもないですから、自分のしたいことと現実に乖離がうまれます。

気持ちやイメージを言葉にできず、「イヤ」の2文字にすべての思いをのせている

つまり、子どもは、頭の中ではこうしたいああしたいとか、これはこうだから好きじゃないとか、いろいろな気持ちをもっているのですが、それを伝えられるほどの言語能力があるわけではありません。そこで、自分がもっている言葉のなかでいちばん強い否定語である「イヤ」という言葉にすべての思いをのせて表現しているわけです。

ママパパから見たら、単にわがままを言っているだけのように見えるかもしれませんが、子ども側には、「○○で□□だからイヤなんだ」という、さまざまな理由がきちんとあるわけです。

ですから、「イヤ！」と言っているときに「イヤじゃない！」と全否定してしまうと、「理由」の部分もすべて否定されたことになり、子どもは自分が受け入れられていないと感じて、ますますイヤイヤが激しくなってしまうんです。

「イヤ」の中に何が含まれているか想像しながら受け止める

ではどう受け止めればよいかというと、「そうか、イヤなんだね」「まだ遊びたかったんだね」と、とにかくまずは「共感」して子どもの気持ちを「代弁」してください。そうすれば、とりあえず気持ちをわかってもらえたことで少し安心して、ママパパの言うことに耳を傾ける余裕もうまれやすくなります。

イヤイヤ期を 少しでもスムーズに するには?

● なんでもかんでも「イヤ! イヤ!」がついにはじまりました。なるべくスムーズに進めたいです。よい方法はありますか?

てぃ先生の答え

まずは「共感」と「代弁」、 そして「選択」です

最初にするといいのは子どもの気持ちに「共感」し、「代弁」することです。これをやったうえで、「じゃあどっちにする?」などの「選択」をしてもらうようにすると、うまくいくことが多くなっていきます。

たとえば「今日は電車の靴下とクルマの靴下、どっちにしたい?」「お着がえとおトイレ行くの、どっちを先にする?」など、選択肢を出していきます。

ママパパのものを選んでもらう

うまくいかないときは、ママパパのものを子どもに選んでもらってください。子どもにとって、親のものを選べるというのは、とっても心がくすぐられることです。子どもに靴を選んでもらってもいいし、「パパ、お靴の右足と左足、どっちからはけばいいか悩んでるんだけど、どっちからはくのがおすすめ?」など、子どもへたずねてみるのもいいですよ。

61 イヤイヤ期の乗り越え方が知りたいです

● 「共感することが大事」と聞きますが、「イヤなんだね」と言っても納得してくれず、ずっと泣いています。

てぃ先生の答え

気持ちを想像して代弁すると効果的。だんだん自分で言えるようになります

　子どもの気持ちに共感することは大事ですが、できるだけ「イヤ」の理由を理解しようとしている姿勢を示したほうがいいです。せっかく共感しても「イヤだったのはもうわかったよ」「泣かなくていいでしょ」といった言葉では、突き放されているように感じますよね。「まだお砂場で遊びたかったのかな」「お菓子もう1個食べたかったね」と、理由まで触れることで、ちゃんとわかってくれていると安心できます。

いずれ語彙が増えていく

　言葉にはもやもやした感情にラベリングする働きがあり、「○○くんが帰っちゃって悲しいんだね」「ママが"帰るよ"って言ったから怒ってるんだね」と言葉にしていくことで、「この感情は"悲しい"っていうことなんだ」と、子ども本人もわかってきます。わかったからといってすぐに習得できるわけではありません。でも、いずれ語彙が増えていき、自分の気持ちを表現できるようになります。

手順を変えると
ギャン泣きするのはなぜ?

● お風呂のとき、いつも脱衣所で服を脱ぐのですが、寒いと思ってリビングでやろうとしたら激おこでした。なんで?

てい先生の答え

手順が変わると
次に何が起こるかわからず、
不安になるからです

　子どもって「いつもと同じ」であることのこだわりがすごく強いんです。なぜかというと、ふだんのやり方と違うと「この次どうなるか」の予測がつかず、不安になるからです。

　保育園までの道のりも、いつも通る道が違うと「この道じゃない!」って大泣きすることもあります。

　ごはんのとき急に不機嫌になったのでどうしたのかと思ったら、ママとパパの座る席がいつもと反対だった、なんてこともあります。

「いつもと違ってたかも?」と
振り返って見よう

　いつもどおりの流れで、いつもどおりの方法で、いつもどおりのタイミングがいちばん安心できるわけですね。

　ですから、急に不機嫌になったり泣いたりしはじめたときは、「いつもと違ってたかも?」と振り返ってみると、原因がわかる場合が多くあります。

63 泣き続けているとき、ずっとはかまっていられません

● 子どもがぐずったり泣いたりしているとき、やむを得ず泣かせっぱなしにしてしまう場合があります。大丈夫でしょうか？

てい先生の答え

自分で気持ちを切り替える経験も必要です

　子どもの気持ちに共感して、代弁することは大事ですが、いつでもじっくり子どもと向き合えるわけではないですよね。

　朝のおしたくや下の子のお世話などでバタバタしているときなどは、しっかり向き合えずに泣かせっぱなしになってしまうことがあるのも、仕方ないと思います。

　そんなときは、安全を確認したうえで、見守るという選択肢をとるのもいいと思います。

　自分で自分のご機嫌をとる経験をするのも悪いことではありません。もちろん小さいうちは、大人がすぐにフォローする必要があります。でも少し大きくなってきたら、成長にあわせて気持ちの切り替えの練習をしてもらうのもいいですよ。

車うまくならべられなくてかなしいのね

64 子どもの気持ちが わかる方法を教えて

● まだ言葉がうまく話せないので、泣いていても理由がわからず対応に困ります。

てぃ先生の答え

わからなくても大丈夫。 それが普通のこと

たまに子どもの気持ちを読み取ることが上手な人もいますが、本当に気持ちがわかっているわけではなくて、あくまで経験則からくる予想にすぎません。「このタイミングで、こういう泣き方ってことは、こうだろうな」と今まであった事例のなかから当てはめているのです。そういう意味では、子どもが小さいうちはわからなくても当たり前。少しずつ「こういうことね」と理解できるようになっていきますよ。

「感情ボード」が おすすめです

まだ話せないお子さんなら、保育園でもやっている「感情ボード」がけっこうおすすめです。喜怒哀楽、いろいろな表情のイラストが描いてあるマグネットを用意しておき、「今の気持ちはどれかな?」と選んで貼ってもらうんです。選んだ表情がきっかけになって、「あれ? 今日は怒ってるの? 何かあったのかな?」なんて会話のきっかけにもなります。

感情ボード

子どもが今
どんな気持ちなのか
知るのって
難しいよなあ

公園ヤダ

思いの外
テンション低いときある…

そんなときは
感情ボード
がオススメ！

？

喜怒哀楽
いろんな表情の
マグネットを用意して

ペタリ

そのときの気持ちを
選んで貼ってもらう

そっか今
悲しい気持ち
なんだね

あったかい
牛乳のむ？

うん…

ヨカッタヨカッタ

137

親がしてほしいことに興味を誘導するには?

● 動物や自然に興味をもってほしくて図鑑を買ったのに、全然見ようとしません。どうしたらいいでしょう?

てぃ先生の答え

子どもが主体的に選べる環境をつくろう

「子どもの主体性や自主性を大事にしよう。親がやらせたいことを無理やり押し付けてはいけません」って、子育てではよく言われると思います。

でも、親が「英語をやってほしい」「ピアノを習ってほしい」と思っても、子どもの主体性を待っていたら永遠にはじめられませんよね?

だから大人は、子どもが主体的にそれを選ぶ環境をつくることも必要だと思います。

1週間は目につくところに置いておく

たとえば、絵本でもなわとびでもいいんですが、いきなり「これを読みなさい」「なわとびで遊ぼう」ってするんじゃなくて、少なくとも1週間は、子どもが必ず通る廊下とか玄関とか、リビングとか、気がつきそうなところに置いておくんです。

英語だったら楽しそうな教材とか、ピアノだったらイラスト付きの楽譜とかおもちゃのピアノとかを置いておきます。

「あれなんだろう?」となったら準備完了の合図

最初は興味がなくても、毎日のように目にしていくうちに、なんとなく気になってきます。そうすると、ある日「ずっと置いてあるけど、これなんだろう?」と手にとってみたり、触ってみたりするんですね。それが興味をもつ準備ができた合図。親からグイグイいくよりも、子どもの興味を待ったほうが断然スムーズにいきやすいです。「これなに?」と聞かれたときに「内緒〜」とはぐらかしてもいいですね。もっと興味がわいてきます。

最初は絶対にできる簡単なことからはじめる

そうして子どもの興味がMAXまで高まったところで、「これは、なわとびっていうんだよ」と伝えながら遊び方を見てもらいます。最初はうまくとべませんから、なわを床に置いてその上をまたぐことからはじめましょう。そんなふうに英語やピアノも、絶対にできる簡単なことからはじめると、「ぼくはこれ上手なんだな」「ママがほめてくれる」といったうれしい感情から、モチベーションも上がっていきます。ぜひ試してみてください。

66 子どもが うそをついたときの 対応は?

● 片づけていないのに「片づけた」、手を洗ってないのに「洗った」。 どうやって叱ればいいですか?

てぃ先生の答え

うそは防衛本能。 逃げ道を用意しておく

　子どもがうそをつくとママパパはショックを受けるんですが、子どもからしてみると、うそは自分を守るための行動でもあります。

　たとえば2歳くらいの子でも、「お片づけしてないんじゃない?」って言われたら、その状況から逃れるために知らんぷりすることもありますし、だんだんお話ができるようになってきた子どもなら、片づけていないのに「片づけた」と言うこともあります。

　うそをついたことを過度に否定したり、取り調べのように問い詰めたりすると、逃げ道を失い、余計に自分を守ろうとします。なんとかごまかそうとしたり、さらにうそを重ねたり、収拾がつかなくなることもあります。もちろんうそはよくないですが、あまり追い詰めすぎないようにしましょう。

夫婦どちらかが「よしよし役」を

　祖父母との同居が当たり前だった時代は、ママパパに怒ら

140

れてつらくなっても、おじいちゃんおばあちゃんのところにいけば、「怒られちゃったねえ」なんて、つらい気持ちを癒してもらうことができました。

　そうやって心が安定したとき、はじめて子どもも自分のしたことを冷静に受け止めて、「これからは気をつけよう」と思えるわけですね。

　仕事でもそうじゃないですか。愚痴を言える人がいるから、心の安定がとれて、またがんばることができます。

　子どものよくない姿があって叱らなくてはいけないときは、ママかパパのどちらかが叱り、片方は「よしよし」する役をすると決めておくといいです。もちろん毎回ママが怒って、パパがフォロー役、なんていうのはママが疲弊してしまいますから、内容によって都度、役割を代えたほうがいいですよ。誰だって本当は怒りたくないですから。

要点をスパッと言っておしまい

　子どもがうそをつくと、まずはうそをついたことを反省させて、その次に片づけていないことを叱って……と長くなりがちです。それでは子どもの集中力がもちません。伝えたいことは短めにわかりやすく言いましょう。

うそにも理解を示す

　「うそはよくない」ということはしっかり伝えつつも、「でも、こう思ったから怖くなっちゃったんだよね」と子どもの気持ちに寄り添うことで、親への信頼感が増します。そうすれば、わざわざうそをついてごまかす行動自体が減りますよ。

67 子どもに自信をもってほしい！

●うちの子は引っ込み思案で消極的なので心配。
もっと自分に自信があったらいいのに。

てぃ先生の答え

あえてハードルを高く見せると、自信が身につく

　たとえばお買い物へ行ったとき、子どもが「僕が持つ！」と言って買い物袋を持とうとすること、ありますよね。そのときに、子どもが持てそうな重さの袋でも「この袋とっても重たいよ。大丈夫かな？持てるかな？」とあえてハードルを高く見せてから渡すと、それを持てたときの子どもの誇らしい気持ちが、何も言わずに荷物を渡したときの何倍にもふくらみます。

　大人がちょっと演技をして「難しいと思われていたことができた！」という状況をつくることで、子どもの自信になるわけです。

　おうちでパズルをするときなんかも、「これママでも難しいな」と言うことで、「ママが難しいものを自分はできた！」といううれしさや達成感につながります。子ども心をくすぐることがポイントなんです。

僕でも持てた！

68 チャレンジ精神を もってほしい！

● いろいろなことに興味をもってほしい。 どうすればチャレンジ精神のある子になりますか？

てぃ先生の答え

「好きなこと」があると自信が つき、失敗も恐れにくくなる

たとえばリトミックが得意な子がいて、その子自身も「私はリトミックが上手」と自覚しているとしましょう。

そういう子は、「じゃあ、かけっこしよう！」となったときに、そっちにも行きやすいんです。なぜかというと、自分はリトミックが得意だからかけっこもいけるかもしれないって思えますし、仮にかけっこが得意でなくても、「私にはリトミックがあるから、べつにかけっこが不得意でも平気」と思えるからです。「リトミックみたいに練習したら、かけっこもはやくなるかもしれない」とポジティブに考えることもできます。

これができるから、あれもできるかも

好きなことや得意なことは、「これができるから、あれもできるかもしれない」という自分への期待を大きくすることができるし、仮にうまくいかなくても、自分の気持ちのリカバリーもしやすくなるという、両取りになるんです。まずは子どもの「これが大好き！」を見つけてサポートしましょう。

69 「なんで? なんで?」と聞かれたときの答え方

● 「なんで○○なの?」「どうして□□なの?」って聞かれることが多すぎてストレスになっています。

てい先生の答え

たいへんだけど、大事な「質問期」。答え方にコツがあります

　これは「質問期」といって、成長過程でお子さんの興味関心が広がってくるときに出てくる行動です。

　子どもは、興味や疑問に思ったことを質問して答えをもらうことで、「じゃあこれはどうして?」「あれはなんでこうなるの?」とその興味をさらに広げていきます。子どもの質問に答えれば答えるほど、何かを深堀りして考える習慣がついてきます。

　勉強にしろスポーツにしろ、「つねに何かに対して疑問をもつ」ということはとてもいいことです。その考える力=生きる力にもなります。ですから、「そんなのわかんないよ!」「聞かないで!」って放り出してしまうのは、やっぱりちょっともったいないなと僕は思います。「なんでなんで」って聞いてきてくれるのは、小さいころのごく短い期間ですから。

質問を質問で返すのもアリ

ママパパも、忙しいときに聞かれすぎると「もう知らない！」ってなっちゃうのもわかります。ですから、心の余裕があるときはしっかり答えて、もう無理、となったら次のように答えてみましょう。

「○○ちゃんはどう思う？」

ママパパもわからないことがある、だから一緒に考えようという方向にもっていけば、お子さんが自発的に考えるきっかけにもなります。

その子のことにからめて答える

子どもの疑問に対して、必ずしも自然科学的な答えをしなくてはいけないわけではないと思います。

「なんでお花咲いてるの？」と聞かれたとき、「ここは○○ちゃんやママがいつも通るでしょ。ここにお花が咲いてたらうれしいからだよ」なんていうコミュニケーションもいいです。

自分やママパパが登場する回答は、お子さんが納得してくれやすいです。

スマートスピーカーを使う

せっかく便利なものが比較的安価で売っているので、子育てにも活用しましょう！アレクサやグーグルホームなどのスマートスピーカーを用意して、「アレクサ、ヘラクレスオオカブトって何？」と聞けば、アレクサがとてもくわしく答えてくれます。

お料理中や洗濯物を取り込んでいるときなど、手が話せないときはとくに大活躍してくれますよ。うちの保育園でも使っています。

70 子どもがかわいくて、つい甘やかしてしまう

● 親バカかもしれませんが、なんでもやってあげたくなります。
問題ないですか？

てぃ先生の答え

その場だけで性格が決まる
わけじゃないので大丈夫

　子どもの人格は、継続的に同じ環境にいる中で形成されて
いきます。なので、たった何回かの場面だけでわがままになっ
たり、自分で何もしなくなったりするわけではありません。

　ダイエットでやっかいな脂肪も同じですよね。たった何回
かの暴飲暴食で脂肪がつくのではなく、それを続けた結果、
ダイエットが必要な体になってしまいます。

　仮におじいちゃんおばあちゃんの家に遊びに行ったとき、
思いきり甘やかされるようなことがあったとしても、それで
何かが変わるわけではないですから安心してください。

「甘やかす」と
「甘えられるようにする」の違い

　じゃあ、どんなことに気をつければいいのかというと、や
はり継続的に甘やかしてしまうと、ママパパが不安視してい
るわがままのもとになる可能性が出てきます。そもそも「甘
やかす」と「甘えられるようにする」はまったくの別物なので、

ここの区別から解説してみます。

　子どもが「ママのおひざの上に座りたいな」「抱っこしてほしいな」と甘えてきたことに対して応えるのは「甘えられるようにする」。これは子どもとして当たり前の欲求で、甘えさせたら甘えん坊になるなんてことはありません。

　親に十分に甘えられた経験は、自己肯定感や自立心につながりますし、心に余裕が生まれることで人に対する思いやりや優しさにもつながります。ですから、子どもからの甘えにはできるだけ応えてほしいと思います。

子どもが
がんばっているのに
親が手を出すのは
「甘やかし」

　一方、子どもが自分で着替えようとがんばっているのに、「かわいいから手伝ってあげる」とすぐに手を貸してしまうのは「甘やかし」です。

　つまり、子どもが求めていることに応えるのは「甘えられるようにする」、子どもが求めてないことを、かわいいからと大人が先回りしてあれこれやっちゃうのが「甘やかし」です。

我慢やしつけは
安心感や
満足のあとから

　仮に子どもの甘えたい気持ちに親が応じないことが続くと、子どもは不安になって、指しゃぶりや赤ちゃん返りなどの行動につながることもあります。我慢やしつけは、「十分甘えられている」という安心や満足があるからこそ成り立つのです。我慢強い子になってほしい、自立心のある子に育ってほしいと思うのであれば、強引に背中を押すのではなく、むしろいつでも迎え入れる体勢をつくっておくほうがいいですよ。

● 下の子が産まれて、上の子が赤ちゃん返りしてしまいました。
なるべく上の子もかまっていますが、なかなか直りません。

てぃ先生の答え

1日5分でいいので
「自分だけのママ」の時間を
つくる

つめ噛みや指しゃぶりなどのくせが出たり、赤ちゃん返り
したりするのは、自分の不安定な心を落ち着かせるための行
動です。そのため、上の子が安心できる環境や時間をつくる
ことが重要になります。

育児書にはよく「下の子が産まれたら、上の子をもっとよ
く見てあげてください」「上の子との時間を増やしてください」
と書かれていますが、それをやっているけどうまくいかない、
という場合がほとんどだと思います。そもそも上の子のこと
を放っているわけではなく、どうしても下の子に手が取られ
るので、仕方のないことなんですよね。

必要なのは
「ひとりっ子だったときのような時間」

なんでもいいから時間が多ければ多いほどいい! というこ
とではなく、「自分だけを見てくれている時間」がないと、上
の子は満足しにくいです。つまりひとりっ子のときのような

環境がいいんですね。

　上の子からすると、ママパパが赤ちゃんを抱えながら30分遊んでくれるより、5分でいいから、赤ちゃんをだっこしていないママパパと過ごせたほうが、満足度が高まりやすいわけです。「見て！見て！」も、赤ちゃんをだっこしていると頻度が高くなりますが、自分を見てくれていることがわかっていれば、その必要もなくなります。

パートナーの協力や
お昼寝の時間を活用する

　たとえばパパが赤ちゃんをだっこしてお散歩に行き、そのあいだ上の子をママと2人っきりにになるようにしたり、お昼寝の最中に上の子だけ先に起こしたりして、その時間だけでも、上の子がひとりっ子だったときのように過ごせるようにしてみてください。すると、愛情が充電されてまたがんばれるようになります。

　「お兄ちゃんなんだから、お姉ちゃんなんだから」というのは、むしろ子どもを弱くしてしまう言葉です。しっかり充電できるようにすれば、自然と自覚できるようになるので、「ひとりっ子時間」を上手に活用してください。

言葉がうまく出てきません。お話上手な子になるには?

● うちの子は会話がゆっくりなので、まわりの子についていけるかとても心配です。

てぃ先生の答え

言葉に出す前に考えるタイプかも

「うちの子、話すのがゆっくりだな」「なかなか言葉が出てこないな」と心配になるママパパ、けっこういますよね。何か質問したときに答えが返ってくるのに時間がかかるという場合もありますね。

もしかして発達に問題があるのかな?と悩むかもしれませんが、こういう子は、自分のイメージどおりの言葉を探したり、言われたことを想像したりなど、しっかり考えている場合が多くあります。たとえば「好きな色は?」と聞かれたら、すぐに答えられそうなものですが、「お花なら青だけど、車なら白が好きだな」なんて考えているかもしれません。少し待てば自分の考えを言えると思うので、あせらず見守ってください。

73 よits子を叱ってもいいですか?

● 公園で遊んでいるとき、一緒に遊んでいた子に意地悪されました。
相手の子を叱ってもいいですか?

てぃ先生の答え

自分の子の味方で
いれば十分です

　子ども同士で遊んでいると、けんかになったり、トラブル
が起こったりしますよね。でも、自分の子がおもちゃを取ら
れて泣いていたとしても、もしかしたら取った子のほうが先
に使っていたのかもしれません。ひと場面だけを見ても判断
が難しいですから、あまり口を出しすぎないほうがいいです。

　とはいえ、自分の子が困っているのであれば、それはフォ
ローしましょう。困っているのにママパパが見ているだけで
助けてくれなかったら、すごく不安になりますよね。

　「やめなさい！」などと相手の子を叱る必要はないけれど、
わが子を守る行動はして、「ママとパパは○○ちゃんの味方だ
からね。ちゃんと守るからね」という姿勢や態度は示したほ
うが子どもとの信頼関係の構築につながります。

　最近は、親同士の関わりも複雑で難しい場合が多いですか
ら、とくに初対面の場合は干渉しすぎないほうが、もめごと
になりにくいかなと思います。仲のよい親同士でも、叱り方
やしつけに関しては方針があるかもしれませんから、急に叱
るよりは事前に話しておいたほうが無難です。

74 「思いやりのある子」に育つには?

● 大人になったとき困らないように、思いやりのある子になってほしいです。どうすればいいですか?

てぃ先生の答え

まずは自分の気持ちがわかることが大前提

　思いやりの心は、相手の気持ちを感じられることが必要ですよね。自分勝手にあれもこれもと押し付けるのは、思いやりではなくお節介です。

　そして、相手の気持ちを感じるためには、まず自分の気持ちを理解することからはじめましょう。

　今自分は怒っているのか、悲しいのか、うれしいのかといった自分自身の気持ちがわからなければ、より高度な「相手の気持ちがわかる」なんていうことはできません。

　ですから、まずは子どもが自分の気持ちを整理して表現できるようになることが大前提で、そのために、ママパパが「共感」と「代弁」をしていくことが大事です。

　そのうえで、「○○ちゃんが、これをしてくれてうれしかった」と、まずはポジティブな感情を共有していくことで、相手がうれしいことを選択できるようになっていきます。

　「これがイヤ!なんでわからないの?」と、ネガティブな感情ばかりを共有すると、相手の気持ちを考えることがおっくうになってしまいます。ここは注意が必要です。

75 自己肯定感を高めたい

●子育てでは「自己肯定感」を育てることがいちばん大事と聞きます。
どうすれば自己肯定感を育てることができますか？

てぃ先生の答え

子どもの「ありのまま」を認めることが最重要

「自己肯定感」というワードが出てくると、「ほめる」とか「いい姿に注目する」といったイメージになりがちですが、大事なのはありのままを認めることです。つまり、「いい姿のときも、そうでない姿のときも、全部ひっくるめて、素敵なあなただよ」と子どもに伝える。これこそが自己肯定感の正しい高め方です。

ほめるのはいいことですし、いい姿に注目することも素晴らしいです。ただそればかりだと「自分はいい状態のときでないと認めてもらえない」ということになります。何かがうまくいかなかったとき、失敗してしまったときの自分には価値がないんだ、と思い込んでしまい、自己肯定感を下げることになります。

叱るときは、ひと工夫！
気持ちに寄り添う言葉をかけて、伝える

だからこそ、子どものよくない姿に対してただ叱るのでは

なく、「こうしたかったんだよね」「パパにはこう言われたけど、
○○ちゃんはこう思ったんだよね」と、子どもの気持ちに寄
り添う言葉をかけたうえで、「でもこういうことはいけないよ」
と伝えることが大事なんです。

　気持ちに寄り添うことをしないまま頭ごなしに叱ってしま
うと、自分のことをわかってくれない、理解してもらえない、
と認識して自分の主張をあきらめるようになります。

　すると、"自分"がなくなり、自分で考えることや自分から
行動することも減ってしまうのです。

結果ではなく
過程をほめよう

　ほかにも大事なのは、結果でなく過程をほめるということ。
結果ばかりをほめていると、先ほどと同じように「いいとき
の自分しか認めてもらえない」ということになります。

　そうではなく過程をほめていくことで、仮に結果が伴わな
かったとしても、その努力や姿勢はほめられていますから、
また次回もがんばろうという気持ちになれます。

　よい結果が出ても出なくても、どちらでも自分にとってい
い経験になるんですね。そのほうがありのままの自分を認め
ることができますし、そんな自分を好きになりやすくなると
思います。

過保護は子どもの
自己肯定感を下げる

　子どものやることに先回りをして手を貸す親は、見方によっ
ては子どものことをよく見ているいい親とも捉えられますが、

じつは子どもの自己肯定感を下げている可能性があります。

　というのも、先回りをして失敗を少なくするというのは、子どもから見れば「そんなに自分に失敗してほしくないのかな」とも受け取れてしまうからです。「失敗をしてほしくない＝失敗する自分は価値がない」と認識してしまうんですね。

　子どものことを上からつねに監視して、子どもに困りごとがないようにする親を「ヘリコプターペアレント」と表現します。

　けがや命に関わることは絶対に避けるべきですが、それ以外のことは失敗をくり返して成長するものです。「これはうまくいかないぞ」と予想できたとしても、これも経験のひとつだと思って見守ることが大切です。

　うまくいかなかったあともすぐに駆け寄ってフォローするのではなく、子ども自身が「なんでダメだったんだろう」と考えられる時間をつくることも、年齢や成長にあわせて考えてみてください。

何よりも
「無条件の愛情」を

　50ページでもお伝えしましたが、「○○ができたからいい子」というほめ方は、条件付きの愛情です。

　子どもの自己肯定感を高めるには、無条件の愛情が欠かせません。「笑顔がかわいいね」「ご飯を食べている姿がだいすき」など、その存在自体を認めるような言葉を積極的にかけてください。そうすれば、自己肯定感はグングン伸びていきますよ。

今のママパパは、“歴史上でいちばん優しいママパパ”だと思います

子育てで悩んでいる時点で十分素敵なママパパ

いつも感じることですが、今のママパパたちって本当に優しいと思うんです。決して、昔のママパパたちが優しくないとか、ラクだったとかそういうことではないんですが、今のママパパたちってこんなにたいへんな子育て環境のなかで、一生懸命できることをやっているじゃないですか。ときには自分のことはすべてあとまわしにしながら、子どものために時間を使っています。「もっとご自身のことも労ってください」とお伝えをしても、「でも子どもが……」と言うくらいです。

　ママパパたちだって本当はもっとやりたいことや挑戦したいことがあるはずなのに、頭のなかは子どものことでいっぱい。そんなママパパたちにこれ以上、何を「がんばれ」というのでしょうか。

　もうこれ以上はないくらいにがんばっているんですから、むしろ「手間を抜いて」「やらなくていいことを見つけて」「頼れる人、使えるものはどんどん活用して」と伝えるのが正しいように思います。

今すでに100点なのに、
それ以上、何が必要?

　今のママパパたちがとても優しくて、いい子育て
をしたいという気持ちが強いからこそ余裕がなくな
って追い詰められていくという悪循環が生じてしま
っています。

　でも、よく考えてみてください。

　目の前のお子さんは、ちゃんと育っているじゃな
いですか。

　ママパパも、毎日子どもにごはんを食べてもらっ
て、一緒に遊んで、教育や習いごとのことも考えて、
さらに自分の仕事、介護、療養もして、すべてがん
ばっているじゃないですか。それ以上、何が必要な
んでしょう?

　今がすでに100点なのに、そこへさらに5万点
のせようとしているのが、今のママパパたちなんじ
ゃないかと思うんです。

自己肯定感は
ママパパたちにとっても大事

　先ほどの項目で「子どもの自己肯定感が大事」ということを書きましたが、自己肯定感はママパパたちにとっても大事なものです。

　仕事ができたから、家事ができたから、だからいい親ではなく、毎日起きて生きているだけで、これ以上ない素晴らしい親です。

　子育てに関しても、子どもに何かできたからいい親ではありません。ただ子どものことを想っているだけで、最高の親です。

　ぜひ親としての自分にもっと自信をもって、ありのままの自分をほめてください。その際は、自分の手で自分の頭を、優しく"よしよし"することをお忘れなく。

第 6 章

保育園・社会とのつながり

の悩み、お助け中!

保育園を選ぶコツって
ありますか?

● 子どもに関する事件がいろいろあるので心配です。
いい保育園を見極めるにはどうすればいいですか?

てぃ先生の答え

保育士が幸せそうかどうかだけ

よい保育園の条件って、一般的にいろいろ言われていると思います。たとえば園庭が広いとか、食育があるとか、教育にも力を入れているとか。

でも、本当に大事なことはじつはたったひとつで、それは「先生たちに余裕がある」ということです。

パンフレットやホームページにどんなにいいことが書いてあっても、そこにいる保育士が忙しすぎて余裕がないと実行できませんし、安全に関する決まりがあってもすっ飛ばしてしまうこともあり得ます。

見極めのポイントのひとつは、
行事の内容と頻度に無理がないかどうか

では、先生たちに余裕があるかをどうやって見極めたらいいですが、大きなポイントのひとつになるのは、行事の内容と頻度です。もしかしたら行事が豪華で回数も多ければ、ママパパはうれしいかもしれません。

しかし、その裏では保育士たちが休憩を削ったり、サービス残業をしたり、家に仕事を持ち帰ったりしている可能性があります。

保育園でいちばん大切なことは、子どもたちが安心・安全に過ごすこと。これ以上のことはありません。ですが、保育士たちが過酷な労働環境にいると、つねに行事に追われて精神的な余裕がなくなり、適切な保育を行えないケースが出てきます。ほかにも要素はたくさんありますが、まずは行事をしっかり確認してみましょう。

もちろん、保育士の人数や業務に十分なゆとりがあって、そのうえで素晴らしい行事をしているのであればなんの問題もありません。

しかし、現実的にそんなゆとりのある保育園がどれだけあるでしょうか？　2022年の終わりごろから連日のように発覚している不適切な保育の実態を見れば明らかです。

行事以上に大事なのは、子ども一人ひとりが夢中になって好きなことを伸ばしていくこと

行事もいいですが、子ども一人ひとりが好きなことに夢中になって、それを伸ばしていくほうが成長のためには大事なこと。

運動会で0歳児が訳もわからず「はいはいレース」に出ることや、お遊戯会で披露するために、1歳児が泣きながら大好きな遊びを中断してまでダンスを練習することに何の意味があるのでしょうか。

見栄えのいい行事だけに注目せず、ふだんのありのままの子どもの姿を大切にしていきましょう。

77

新しいクラスに早く慣れるには?

● 年度が変わり、新しいクラスや先生になって登園をしぶりはじめました。はやく慣れてほしいんですが……。

てい先生の答え

ママパパが慣れると、子どもも慣れることが多い

　誰だって、はじめての場所って緊張しますよね。だから子どもが新年度に登園をしぶったり、ぐずったりするのは当たり前の姿だと思います。ただ、園に限らず、はじめての場所で緊張する子って、その子のママパパも緊張している場合が多いです。ママパパ自身が緊張していたら、子どもにいくら「遊んでおいで」って言っても、なかなか安心して遊べません。

　新年度で新しいクラスになった場合も、ママパパが新しい先生と親しく会話している姿を子どもに積極的に見てもらうことで「ママパパとこんなに仲がいいこの先生はきっと安心できる存在だ」と思いやすくなります。

おうちを安全基地にするのも大事

　とくにはじめは、保育園でがんばったぶんおうちで甘えることが多くなる場合も。お忙しいとは思いますが、子どものパワーを充電するつもりで、できる限り子どもの甘えに応じてほしいです。そのほうが早く保育園に慣れますから。

78 保育園に行くのを いやがります。 どうしたらいいでしょう?

● 毎朝、保育園に行くのをいやがって大ぐずり。
どうしたら素直に行ってくれるようになりますか?

てい先生の答え

ママパパもいちど、 「いやだ」という気持ちに 浸かりきろう

ママやパパ自身が、悩みを誰かに相談しているところを想像してみてください。

「会社でつらいことがあってさ、今苦しいんだよね……」って言ったのに、「でも仕事ってやりがいもあるしいいもんだよね!」と返されたら、ちょっとショックを受けませんか?

子どもが登園をしぶっているときも同じで、いやがっているのに「保育園楽しいよー!」「先生待ってるよー!」とポジティブに言われても、「この人、僕の気持ちわかってないんじゃないかな」と思って余計不安な気持ちになってしまいます。ネガティブな気持ちを急にポジティブな方向へグイッと曲げようとするのは、子どものためを思ったものだとしても逆効果になる可能性が出てきます。

まずは子どもの主張をすべて受け止める

ではどうすればいいかというと、親が、「そっか。○○くんは保育園に行きたくないって思ってるんだね。気持ちがとて

もよくわかったよ」と、子どものネガティブな気持ちに一緒に浸かるんです。

「でも、それだと行かなくていいよってことになっちゃいませんか？」と聞かれるんですが、人は、気持ちを受け止めてもらえてはじめて、じゃあどうしよう？と先のことが考えられます。

子どもも、ママパパが自分の気持ちに共感してくれていると思えたほうが、納得して話を聞き入れやすくなりますから、ここではじめてポジティブな話をするんです。

子どもだって、本当は保育園に行かなくちゃいけないってことはなんとなくわかっています。そのうえで、「行きたくない」とメッセージを出しているのですから、その思いを無視せずに、親が勇気をもって受け止めてください。

夜のうちに話しておく

朝にポジティブな話をするのもいいですが、おすすめは前の日の晩です。

お互いに余裕がない朝に「でもこういう楽しみがあるよね」と話しても響きにくいです。それよりは余裕のある前の日の晩に話したほうが、子どもの意識を変えやすくなりますから、ぜひ試してみてください。

朝にもうひと声かける

朝に子どもが「保育園行きたくない」と言いはじめる前に、ママパパのほうから、「夜にも話したけど、今日○○するの楽しみだね」と声をかけるのもひとつの手です。

子どもの「イヤ」のあとだと取りつくろっていると捉えられる可能性がありますから、先手を打つことも考えてみましょう。

登園しぶりの原因と対策！

子どもが先の見通しを
もてるような言葉をかけよう

　子どもは、大人のようにうまく先の見通しをもつことができません。大人が予定どおりに「○○へ行くよ」「もうお片づけね」と言っても、子どもとしては今やっていることを急に中断された感覚になるので「イヤ！」となります。

　ですから、前もって先の見通しをもてるような言葉をかける必要があるんです。それも直後の予定だけではなく、ひとつ先の予定まで伝えておくと効果的です。たとえば、「お片づけが終わったら、お着替えね」と言うよりも、「お片づけが終わったらお

着替えをして、お着替えが終わったらおうちを出発するよ」まで言ったほうがいいってことです。お着替えのためのお片づけではなく、おうちを出発するためのお片づけだとわかっていたほうが、子どもが納得しやすくなるからです。もちろん、年齢によっては情報を処理しきれないこともありますから、成長にあわせて使い分けてくださいね。

　あるご夫婦は、これにプラスして、「ママは、○○ちゃんと保育園に行ったあと、そのまま電車で会社に行くよ！」「お昼ご飯を食べたら、またお仕事をがんばって、お外が暗くなるころに保育園にお迎え来るからね！」などと、**大人の行動についても先の見通しがもてる声かけをしていました。**

　すると、お子さんは、「バイバイしたら、ママは会社行くんだよね！」「○○ちゃんはカレーだけど、パパは何食べるのかな？」というふうに**徐々にママパパの行動を理解して、安心して登園できるようになりました。**参考にしてみてください。

79 子どもと 仲よくなる方法

● 怒ってばかりを反省。
子どもともっと仲よくなって、いい関係をつくりたいです。

てぃ先生の答え

子どもの好きな遊びを 黙々とする

　子どもと仲よくなろうと考えたとき、多くの人は「○○ちゃん、一緒に遊ぼう」と積極的に関わろうとします。

　たしかにこれもいいです。しかしもっといい方法があります。それは、その子の好きな遊びを大人ひとりで黙々と楽しむってことです。

　子どもに「遊ぼう」と声をかける必要はありません。何も言わず、その子の好きな遊びをどんどん展開してください。

　これでどうして仲よくなれるかというと、とくに小さい子どもというのは、「人」にもそうですが、「遊び」により強く惹かれます。

　「自分はいい人、楽しい人」とアピールするよりも、「楽しい遊び」を率先してやっていれば、そこに子どもが入ってきてくれるんです。

　「何してるの？」「今はどういう遊び？」「一緒に遊んでもいい？」こういった声をかけるくらいなら、その子の好きな遊びを大人ひとりで楽しんでください。これが子どもと仲よくなれる最速の方法です。

80 子どもにスマホを観てもらうのはよくない？

● 電車の中でおとなしくしていてほしいのでスマホで動画を見せてます。よくないことでしょうか？

てぃ先生の答え

何も悪いことではありません。スマホを観ることをもっと有意義にすることもできる

子どもが電車で騒げば文句を言われる。じゃあ静かにしてもらおうとスマホを観せれば「スマホに子守をさせるな」と言われる。いったいどうしろっていうんでしょうね!? この問題はママパパがどうということではなく、社会が不寛容なだけなので、気にする必要はないと思います。

電車の中のほんの数分の姿を見て、「最近の親は子どもにスマホを観せすぎだ」とか言う人って、その同じ親子が電車から降りたあと公園で元気いっぱい遊んでいる姿や、ふだんの子どもとの関わりまで想像していないので、気にするのはメンタルと時間の無駄です。わかる人はきちんとわかっていますよ。ママパパががんばっていることを。

観た内容をアウトプットしてもらうと無駄な時間にならない

でも、ママパパによっては、「またスマホに頼っちゃった」とか「ずーっとテレビ観ているのを注意しなかった」って罪

悪感を抱く人もいると思います。

　そんなときは、自分が小学生や中学生だったころを思い出してください。授業中に先生が「今日はこれを観ます」と言ってNHKの番組とかの映像を流し、先生はそのあいだテストの丸つけをしていませんでしたか？

　これはママパパが子どもにYouTubeを観てもらっているあいだに家事をするのと同じ構図です。違いは、学校の先生は観た映像についてそのあと感想文を書いてもらったり、感じたことを発表してもらったりする時間があることです。

　ですから、これと同じことをするのはどうでしょうか？HIKAKINさんの動画なら、「HIKAKINさん、今日はどんな商品を紹介してた？」「どんなゲームをやってたの？」と質問して子どもに説明してもらうんです。

　世の中にはドラマや映画の評論をするお仕事があるんですから、自分が観たものを、観ていない人に対して説明したり、感想を言ったりする能力はかなり高度な能力だと思います。映像を観てもらって「はい、終わり」じゃなくて、「どんな内容だった？」ってひと言ふた言でも質問をすれば、子どもの説明能力や語彙力を上げてあげるきっかけにすることができるわけです。

　もちろんそんな教育効果を意識しなくても、単純に親子のコミュニケーションとしても素晴らしいと思います。ぜひやってみてください。

81 子どもの前で夫婦げんかしても大丈夫?

● パパとちょっとしたことでけんかになってしまいました。
子どもが見てても大丈夫?

てぃ先生の答え

子どもの前で していいけんかと よくないけんかがある

　誰だってけんかしたいなんて思っていませんよね。でもどうしてもけんかになってしまうときがあります。そのけんかのなかには、子どもに見せないほうがいいものがあります。

　たとえば、お金の話や子ども本人についての話など、簡単には解決方法が見つからないけんかです。

「お金がないからこの子に習いごとをさせられないのよ!」

「お前がしっかりしないからわがままなんだ!」

　なんていうけんかを見せられても、子どもはどうすることもできませんし、ただ傷つくだけになります。

子どもに見せていいのは、 話し合いながら解決するけんか

　では、いいけんかはどんなものかというと、夫婦が話し合いながら解決の道筋を見つけられるけんかです。

　たとえば、家事のやり方なら、はじめはママが言ったことでけんかになったとしても、話し合いをすることで歩み寄っ

て、「じゃあこうやって分担しよう」というような落としどころを見つけられるような内容です。

友だちとけんかになったとき、
ママパパのけんかが手本になる

こういうけんかは、むしろ子どもの前でやったほうがいいとまでいえます。

なぜなら、子ども自身が保育園や学校などでお友だちとけんかになったときも、ママパパのけんかを見て学んでいれば、解決の道筋を見つけようとするからです。

夫婦のトラブルがまったくないまま育ってきた子は、モデルがないから、おもちゃを取られっぱなしだったり、反対に強く言いすぎて収拾がつかなくなったりするんですね。

ママパパの関係がトラブル対処の基本なので、けんかもOK。ただし内容には十分気をつけてほしいと思います。

子育てしている本人にしかわからないこと

ベビーカーに乗った1歳半くらいの赤ちゃんとそのママ

　ずいぶん前のことなんですが、強く印象に残っていることがあります。

　僕はある日、仕事の合間にちょっとひと休みしようと思って、カフェに入りました。そして空いていたテラス席に座り、「あ〜疲れた」と思いながら、ぼんやりとコーヒーを飲んでいたんですね。

　そうしたらたまたま近くに、ベビーカーに1歳半くらいの子どもを乗せたママがいて、同じように座って紅茶か何かを飲んでいたんです。

　5分くらいたったころ、ベビーカーの子どもがぐ

ずりはじめました。**泣き声はみるみる大きくなって、子どもは一生懸命ママのほうに腕を伸ばして、「うわーん！」と本格的に泣きはじめたんです。**

　もう、誰がどう見ても、「ママにだっこしてほしいんだな」ってわかる状況でした。

　ところがそのママは、5分たっても、10分たっても、子どもをだっこしようとしないんです。だっこどころか、子どもの顔を見ることもなく、ずっと黙って飲みものをすすっていました。

近くにいたご婦人が、
「だっこしてあげなさいよ‼」

　このあとさらにびっくりすることが起こりました。
　なんと、近くにいたご婦人が、そのママに向かって
　「だっこしてあげなさいよ‼」
　って、みんなに聞こえる声で言ったんです。
　するとそのママは無言のまま立ち上がって、ベビーカーを押してテラス席から出て行ってしまいました。

「だっこしてあげればいいのに」
という感想をどう捉えるか

問題は「これをどう捉えるか」ということです。

この一場面しか見ていない人たちは「だっこして
あげればいいのに」っていう感想しか抱かないのが
普通だと思うんです。

でも、当事者であるママ側に立ってみると、そも
そもそのカフェに着くまで、さんざんだっこしなが
ら片手でベビーカーを押して、やっとたどりついた
そのカフェで「さあ、休憩するぞ！」って飲んでい
た紅茶かもしれません。

あるいは、「最近ずっとだっこしていたせいで、
腰痛がひどくてだっこできない」のかもしれないし、
べつにそんな理由がなくても、「大事な我が子とは
いえ、"だっこだっこ"と言われても、今は気持ち
の余裕がないからだっこできない」という状態だっ
たのかもしれません。これは、本人にしかわからな
いことです。

人の優しさを素直に
受け取れないときもある

　子育てをしていると、**いろんな人がいろんなこと
を言ってきます。それこそ、心ない言葉もあれば、
よかれと思って言ってくださる言葉もあると思いま
す。とにかくいろいろ言われますよね。**

　ママやパパだって心をもった人間だから、そうや
ってかけられた言葉をイヤだと思うことも当然ある
し、人の優しさを素直に受け取れないときもあると
思うんです。

　本当に自分のことがわかって、自分のことを大事
にできるのって、やっぱり自分自身なんです。一人
ひとりの暮らしの背景なんて、まわりの誰にもわか
らないんだから、イヤなこと、無理なときは、右か
ら左に聞き流していいと思います。そんな自分をダ
メだと思う必要もないです。これだけ多様化した世
の中で、いろんな声を真に受けていたらきりがあり
ません。自分をもっと信じましょう。

ワンオペ育児が
きつすぎます

● 昼間の育児も、夜中の授乳もきつくてたまりません。
睡眠不足でもう限界です。

てぃ先生の答え

パートナーを頼れるなら、
どんどん話し合いましょう

育児や家事っていまだに「母親」がやることが多すぎると思います。でもよく考えてみれば、本当にママじゃなきゃできないことって、直接おっぱいをあげることくらいで、搾乳して保存しておけばパパでも母乳を担当することができます。

じつは誰がやっても
いいことがいっぱい

ミルクでもお料理でも掃除でも、誰でもできるし、誰がやったっていいことばかりです。

夜中のおっぱいも、「ママがして当たり前」という感覚があるかもしれませんが、きつくてストレスがたまるくらいなら、きちんと話し合ったうえで「週に何度かはパパが担当する」と決めてもいいと思います。

最初は赤ちゃんもパパも慣れなくてたいへんかもしれませんが、そのうち赤ちゃんも慣れてくれます。そのあいだはママも「まかせる」と決めたのだから、パパを信じることが必

要です。せっかく決めたのに、「やっぱり私がやる」は、パパの覚悟を踏みにじることになります。まかせたのであれば、そのあいだはしっかり休むことに専念してください。

心が散らからないように
手放すことも必要

　子育てって、つい「あれもしたほうがいい」「こうするべき」ってなりがちですが、そうするといつの間にか、ママパパの心が捨てられないものでいっぱいになって、散らかりっぱなしになります。

　やったほうがいいかもしれないことを挙げだしたらキリがありません。だから1カ月にいちどくらい、今していることを振り返ってみて、「これはやらなくてもいいんじゃないかな？」って手放す作業をしてみることも必要です。

　夫婦のどちらかだけが勝手にやめてもけんかのもとですから、ここも話し合って決めてみてくださいね。

83 ワンオペ時に使える
おすすめアイテムは？

● 保育園へお迎えに行ってから寝かしつけるまでネコの手も借りたいほど
忙しいです。なんでもいいから助けてほしい！

てぃ先生の答え

スマートスピーカーは、
大人0.3人分くらいにはなる

ただでさえ子育ては大変なのに、ワンオペなんてもっと大変ですよね。人でもモノでもサービスでも、頼れるものはもうなんでも頼ってください。子どもに機嫌よく過ごしてもらうために YouTube を観てもらったって何も問題ありません。

ほかにおすすめするとすれば、145 ページでもチラッとご紹介しましたが、アレクサやグーグルホームなどのスマートスピーカー。スマートスピーカーなら家事などほかのことをしながら操作できますから、「アレクサ、○○（子どもが好きなアニメ番組）の音楽流して」なんて頼めば、子どもが楽しい気持ちになる曲がたくさん流れてきます。

おすすめの使い方は、スマートスピーカー＋図鑑。

たとえば、車好きな子なら図鑑を見ながら「ごみ収集車」「ホイールローダー」なんて言えば、その車について説明してくれます。ひとり分とは言わないけど、0.3 人分くらいのサポートにはなりますよ。そのあいだ、子どもと遊んでいてくれるんですから。数千円ほどで買えますから、ネコの手だと思って買っても損はないと思います！

84 「子ども優先」に疲れてきました

● どこかに出かけるときや、外食するときなど、すべて子ども優先でもやもやしています。親なのに自己中心でしょうか？

てぃ先生の答え

子どもは王様じゃない、ママパパも主役です

今のママパパは優しいし子育てに熱心なので、いつも「この子にとっていちばん」を考えてあげているように思います。

でも「子どもを大事にする」のは、「子どもを王様のようにする」ということではないですよね。だから僕は、すべてにおいてお子さんを優先する必要はないと思います。

たとえばお出かけのときは、「行き先は子どもが行きたいところ」「食事は子どもが食べたいもの」となりがちですが、子どもは家族の中でいちばん偉いわけではなくて、あくまでも家族の一員。だからときには「ママがいちばん行きたいところに行こう」「パパがいちばん食べたいものを食べよう」と、家族の誰もが主役になれたらいいと思うんです。

そうすることで、「ママが喜んでくれるのがうれしい」という気持ちや、相手を思いやることもできるようになっていくと思いますし、自分がしてもらったときに感謝する気持ちも生まれます。そして、ママパパが幸せで満足していることが、子どもの幸せにもつながっていきますから、ママパパも子どもに負けないくらい幸せになってほしいと思います。

181

今の時代、「親にしてもらったこと」ができなくても当たり前！

自分が親にしてもらったことが子育ての基準になっている

　僕のインスタライブや YouTube に寄せられるお悩みは、ほとんどが「子どもがイヤイヤばかりで言うことを聞いてくれません」「ご飯中に遊んでしまってなかなか食べません」といった、日常生活の具体的な困りごとです。

　でもときどき、

「子育てに自信をなくしてしまいました」

「育児が苦手で、何をやってもうまくいきません」

といったちょっと深刻なお悩みもあるんですね。

　そしてそういったお悩みのなかには、

「自分が親にしてもらったことを、自分自身は子どもにしてあげられない」

というお悩みというか、つらさを訴えるものもあります。

子育て家庭同士の
おつきあいも減って、
子育てがますます孤立している

とくにコロナ禍以降は、子育て家庭同士のおつきあいも少なくなったことで、ほかのご家庭の様子を見る機会が減って、子育てがますます孤立していますよね。

そのため、やはり自分自身が育ってきた環境がイメージしやすいサンプルになってくるわけです。

時代も環境も違うから、
できないことが山ほど出てくる

今、子育てに関する情報は、インターネットや本、雑誌などで、無限のように出てきますが、誰でも根

本は、自分自身が育ってきた家庭や、自分が親にしてもらったことが基準になっているのではないかと思います。

しかし、ここに落とし穴があります。

自分の親にやってもらったこと、自分の親にしてもらってうれしかったことを自分の子どもにトライしてはみるものの、時代も環境も違うから、うまくいかないこと、できないことが山ほど出てきてしまうんです。

そして、この子にはこれしかしてあげられない」「親がやって当たり前のことができない」なんて思ったり、負い目に感じたりしてしまうわけですね。

自分が親にしてもらったことを
やらなきゃなんて思わなくていい

でも、ここではっきり言わせてください。

自分が親にしてもらったことを、自分が親になったときにやるのは、かなり難易度が高いことです。親になったら自動的にできるようになることなんて

ひとつもありません。今の自分にできることを手探りで見つけながら、少しずつ増やしていくのが子育てです。

　たまに、母親は最初からなんでも知ってるし、なんでもできると誤解なさっている人がいますが、そんなわけはありません。何もわからない状態から、自分で調べたり、経験したり、涙ぐましいがんばりで学んできたんです。

罪悪感をもつ必要はまったくないし、子どももそれを望んでいない

　いつも余裕がないこととか、自分がしてもらってうれしかったことができない自分に対して、罪悪感や負い目をもつ必要はまったくないと、僕は思います。そもそも、目の前のお子さん自身は、そんなことを思っていませんから！

　「今」のママパパが、自分の感覚で「こうしてあげたいな」って思ったことを、できる範囲ですれば、それが最高の子育てですよ。

子育てに
失敗なんてない！
あなたは
いつでも素晴らしい

「ダメな親」って誰が決めたんですか？

　ママパパも人間ですから、24時間365日、子どもの前でずっと機嫌がいいわけではありません。我慢して、我慢して、我慢して、それでも不機嫌があふれ出てしまうことだってあります。こんなにがんばっているのに、どうして報われないの？と悲しくなることだってあります。そんな姿を子どもに見せてしまう日も当然出てきます。「ママ、どうして泣いてるの？」なんて子どもに心配されたことがある人もいるでしょう。

　そうすると、みんな口をそろえて言うんです。「自分はダメな親だ」って。

　なぜ自分でダメな親だって決めちゃうんですか？子どもはそんなこといちども言っていないのに。

自分の評価が低すぎる
ママパパがすごく多い

なぜこんな話をするかというと、僕の YouTube や Twitter、Instagram などに寄せられるコメントには、

「今日、遊んであげられなかった」

「怒りすぎちゃった」

「1日じゅうスマホ観せちゃった」

って、すごく反省しているようなママパパの声がとても多いんです。

「自分はダメな親だ」

「子育てに向いていない」

「こんな親で子どもがかわいそう」

「もう子育てをやめたい」って。

ダメな親なんかいない

でも、僕は言いたい。

「あなたは絶対にダメな親じゃないよ！」って。

そんなふうに考えるのは、それだけ子どものことを

想っている証。子どものことが大切で仕方がないから、そのぶん反省が大きくなってしまっているだけです。

子育ては
いつでもやり直せる

　ママパパがどんな状態であっても、子どもはママパパのことが大好きです。ちょっと怒られすぎちゃう日があっても、大好きに変わりはありません。子どもにとって特別なあなたは、世界にひとりしかいませんから。「怒りすぎちゃった」と思うなら、今度は少し甘えられるようにすればいい。「今日、遊んであげられなかった」と思うなら、明日にでも遊べばいいんです。

　子育てはいつでもやり直しができます。手遅れになることなんてありません。「変えよう」と思ったその瞬間から、いつでも変えることができます。

　ですが急に変える必要もありません。気が向いたとき、今日は気持ちに余裕があるなと思ったとき、都合のよいタイミングで、この本の中からやってみたいことを試してみてください。

今日もお疲れさまです。
今日のあなたも最高ですね

　忘れそうになったら、いつでもこの本を開いて、思い出してください。子どもと同じように、ママパパもありのままで十分素晴らしい。がんばりすぎる必要も、無理をする必要もありません。だって、そのままで最高の親なんですから。

　そんな皆さんを、僕は心から応援しています。何かお悩みがあったら、また相談してください。いつでもお待ちしています。

てぃ先生

[著者]

てぃ先生（てぃーせんせい）

関東の保育園に勤める男性保育士。

保育士として勤務するかたわら、その専門性を活かし、子育ての楽しさや子どもへの向き合い方などをメディアなどで発信。全国での講演は年間50回以上。

他園で保育内容へのアドバイスを行う「顧問保育士」など、保育士の活躍分野を広げる取り組みにも積極的に参加している。

ちょっと笑えて、かわいらしい子どもの日常についてのつぶやきが好評を博し、Twitterフォロワー数は60万人を超える。子育てのハウツーを発信しているYouTubeも大人気。

著書は『子どもに伝わるスゴ技大全 カリスマ保育士てぃ先生の子育てで困ったら、これやってみ！』『子どもが伸びるスゴ技大全 カリスマ保育士てぃ先生の子育て○×図鑑』（ともにダイヤモンド社）、『ほぉ…、ここがちきゅうのほいくえんか。』（ベストセラーズ）、コミックほか多数。

子どもにもっと伝わるスゴ技大全
カリスマ保育士てぃ先生の
子育てのみんなの悩み、お助け中！

2023年2月1日　第1刷発行
2023年2月17日　第2刷発行

著　者──てぃ先生
発行所──ダイヤモンド社
　　　　　〒150-8409　東京都渋谷区神宮前6-12-17
　　　　　https://www.diamond.co.jp/
　　　　　電話／03-5778-7233（編集）　03-5778-7240（販売）

イラスト──後藤グミ
撮影────赤石仁
本文デザイン─今井佳代
ＤＴＰ───道倉健二郎（Office STRADA）
校正────星野由香里
製作進行──ダイヤモンド・グラフィック社
印刷・製本─三松堂
編集協力──小嶋優子
編集担当──中村直子